FORSCHUNGSSTELLE FÜR BUCHWISSENSCHAFT
AN DER UNIVERSITÄTSBIBLIOTHEK BONN

KLEINE SCHRIFTEN 8

DER LESER ALS TEIL
DES LITERARISCHEN LEBENS

Eine Vortragsreihe mit
Marion Beaujean
Hans Norbert Fügen
Wolfgang R. Langenbucher
Wolfgang Strauß

2. Aufl. 19.

BOUVIER VERLAG HERBERT GRUNDMANN · BONN

ISBN 3 416 00862 6
Alle Rechte vorbehalten. Ohne ausdrückliche Genehmigung des Verlages ist es auch nicht gestattet, das Werk oder Teile daraus fotomechanisch zu vervielfältigen. © Bouvier Verlag Herbert Grundmann, Bonn 1971. Printed in Germany. Herstellung: wico grafik, St. Augustin 1/Bonn

Inhalt

Marion Beaujean
Das Lesepublikum der Goethezeit — Die historischen und soziologischen Wurzeln des modernen Unterhaltungsromans 5

Hans Norbert Fügen
Literaturkonsum und Sozialprestige 33

Wolfgang R. Langenbucher
Das Publikum im literarischen Leben des 19. Jahrhunderts 52

Wolfgang Strauß
Leserforschung in Deutschland 85

Das Lesepublikum der Goethezeit
(Die historischen und soziologischen Wurzeln des modernen Unterhaltungsromans)

Dr. Marion Beaujean, Hannover

»Sie setzten sich nun; ein kleiner Bach, der ohnweit aus einem Berge floß, rauschte an ihrer Seite; sein Murmeln, die graue Dunkelheit des Waldes, des Tages Schwüle, alles wiegte ihr Herz in jene dunkle Empfindung des Verlangens, und der Wollust Träne rollte von ihren Wangen. Hermann sprach noch; aber seine Stimme zitterte, und nur leise lispelte Elisa: mein Hermann! und ließ ihren Kopf auf seine Schulter sinken. Das Tuch, welches um ihren Hals sich schlang, entfaltete sich und ließ Hermann den schönen Busen erblicken, auf welchem sanft ihre braunen Locken spielten, und welchen der Liebe Seufzer bewegte. Feuriger drückte er sie ans Herz, und heißer wurden seine Küsse. Er wagte es, und drückte seine brennenden Lippen auf ihren Busen; aber nun erwachte Elisa aus dem Taumel der Wollust und Liebe; eilig stand sie auf. Hermann, laß uns fliehen, die Tugend verläßt uns!«

Man schmunzelt mit Recht, denn man wird diese Stelle als rührenden Kitsch empfinden. Sie stammt aber nicht, wie man vielleicht vermuten könnte, aus einem Groschenheft der Jahrhundertwende, sondern steht in einem Roman, der 1795 erschien, in der Zeit also, in der das literarische Leben in Deutschland nach unserer historischen Vorstellung ganz unter dem Einfluß der klassischen Bemühungen stand und sich bei der jungen Generation bereits die ersten Anzeichen des romantischen Denkens bemerkbar machen. In diesem Jahr 1795 nämlich stand die fruchtbare Freundschaft Goethes und Schillers auf ihrem Höhepunkt; Goethe arbeitete an den »Lehrjahren«, Schillers Prosaerzählungen und Wielands große Romane »Agathon« und »Abderiten«

lagen bereits vor, von Jean Paul waren in den unmittelbar vorhergehenden Jahren das »Schulmeisterlein Wutz« und die »Unsichtbare Loge« erschienen, 1795 veröffentlichte er den »Hesperus«; Tieck schrieb seine ersten Romane »William Lovell« und »Peter Leberecht«, und 1797 folgten Hölderlins »Hyperion« und Wackenroders »Herzensergießungen eines Klosterbruders« – eine stattliche Sammlung deutscher Prosadichtung also, die wir gewohnt sind als die Ahnen und Wegbereiter des Bildungs- und Entwicklungsromans anzusehen, der für die deutsche Literatur des 19. Jh. typisch wurde.

Und doch wurde der Erfolg dieser Romane bei den Zeitgenossen weit in den Schatten gestellt von einer anderen Literaturart, zu deren typischsten Vertreter der Roman gehört, aus dem wir eingangs zitierten. Die Verfasserin ist eine Dame der Berliner Gesellschaft, Tochter des preußischen Kammerpräsidenten und Ehefrau eines Hauptmanns, Karoline Wilhelmine von Wobeser, die im Sinne der populären Aufklärung diesen moralisch-didaktischen Frauenroman schrieb mit dem beziehungsreichen Titel: »Elisa oder das Weib wie es sein sollte«. Nicht allein, daß dieser Roman in wenigen Jahren 6 Auflagen erlebte und in mehrere Sprachen übersetzt wurde, beweist seine ungeheure Popularität, sondern noch mehr erstaunt den unvoreingenommenen Betrachter, daß der durchaus moralisch gemeinte Titel vom Weib, wie es sein sollte, offensichtlich den nervus rerum der Zeit traf; denn es lassen sich an die 15 mehr oder weniger ernst gemeinte Romane in seiner entlehnten Titelfassung nachweisen. Da geht es von einem Mann, wie er sein sollte, zu einem Weib, wie es ist, einem Mann, wie er nicht sein sollte, einem anderen, wie er sein kann, zu einem Landjunker, einem Prediger, den lieben Kleinen und sogar zu einem Unterröckchen, wie es sein sollte, bis schließlich der seinerzeit bekannte Literat Laun durch die ganze Familie, wie sie sein sollte, dem Unfug ein Ende zu machen suchte, leider ohne großen Erfolg.

Mit welchem merkwürdigen Phänomen haben wir es

hier zu tun, das sich schon bei einem ersten willkürlich herausgegriffenen Beispiel so augenfällig demonstriert?

Offensichtlich gibt es neben der Literatur, die Gegenstand wissenschaftlicher Betrachtung ist und die wir als Repräsentanz dieser Epoche der Klassik und Romantik anzusehen gewohnt sind, einen unterschwellig dahinfließenden Strom, der größte Breitenwirkung hat und wohlmöglich für das literatische Leben seiner Zeit charakteristischer ist als die geniale Leistung einiger weniger, die für uns Nachfahren das Epochale bedeuten. Wir können schon jetzt vermuten, daß das Publikum der Goethezeit die genialen Dichtungen ihrer Zeitgenossen nur zum geringsten Teil wahrnahm und sich nicht bewußt war, in der klassischen Epoche deutscher Literatur zu leben. Die meisten bezogen ihre geistige Nahrung aus anderen Quellen. Damit aber bekommt das Bild, das wir uns von der literarischen Landschaft Deutschlands um 1800 zu machen gewöhnt sind, entscheidend neue Züge. Wie nun sehen diese Quellen aus? Woher beginnen sie zu fließen? Und welchen Einfluß haben sie auf die weitere Entwicklung des literarischen Lebens? Diesen Fragen wollen wir im folgenden nachgehen. Es ist die Frage nach der Rolle, die der Leser im literarischen Leben spielt.

Die Lesersoziologie ist eine ganz junge Wissenschaft, die aus den Bedürfnissen der Konsumgüterindustrie hervorging. Denn auch Verlagswesen und Buchhandel sind Wirtschaftsunternehmen, die das Verhalten der Verbraucherkreise kennen müssen, um es ökonomisch richtig berücksichtigen zu können. Die Erforschung der Verbraucherinteressen bedient sich soziologisch-statistischer Methoden, um die Marktbedürfnisse und ihre Wandlungen kennenzulernen. Diese uns allen aus Wirtschaft und Politik bekannten Methoden der Meinungsforschung werden neuerdings auch verwandt, um das Verhalten des Konsumenten zum Buch zu ermitteln. Privatpersonen, Verlage und Forschungsstellen beauftragen Meinungsforschungsinstitute, die mit Hilfe raffiniert ausgeklügelter Fragebogen das Leseverhalten eines repräsentativen Bevölkerungsdurchschnitts feststellen.

Diese Methode läßt sich natürlich nur in der Gegenwart anwenden, während man die Erforschung der älteren Literatur weitgehend der Literaturwissenschaft überläßt. Das erscheint gerechtfertigt, wenn man von der Vorstellung ausgeht, der literarische Massenkonsum sei ein Phänomen unseres Jahrhunderts und habe frühestens am Ende des 19. Jahrhunderts begonnen. Daß dem nicht so ist, beweist allerdings schon das eine Beispiel von der tugendhaften Elisa.

Wie nun aber sollen wir für diese vergangenen Epochen ein Bild vom Lesepublikum, seinem Geschmack und seiner Lektüre gewinnen?

Wir können es sicherlich nicht mit den üblichen literaturwissenschaftlichen Methoden tun, denn mit ästhetischen und formalen Kategorien kommen wir hier nicht weiter.

Um also gleich einem möglichen Mißverständnis vorzubeugen:

Es sollen weder Struktur- und Stilprinzipien dieser Literatur untersucht noch im Vergleich mit der zeitgenössischen Dichtung eine Definition ihres Kitschgehaltes gewagt werden. D. h., daß wir uns im folgenden jeder ästhetischen Wertung enthalten wollen. Das mag ungewöhnlich anmuten, da doch ein solcher ästhetischer Aspekt am ehesten dem Phänomen angemessen erscheint. Dieser Aspekt aber dürfte zu einfach und gleichzeitig zu schwierig sein:

zu einfach, weil er selbstverständlich darauf hinausläuft, die künstlerische Minderwertigkeit dieser Produkte zu beweisen, ihnen Kitsch zu bescheinigen und sie lächerlich zu machen. Damit aber ist für die Auseinandersetzung mit dem Phänomen der Unterhaltungsliteratur gar nichts gewonnen.

zu schwierig, weil das Finden objektiver Wertkategorien zu den ungelösten und wahrscheinlich unlösbaren

Problemen der Literaturwissenschaft gehört. Solange aber eine klare Definition dessen, was Kunst ist, nicht gelingt, ist es auch unmöglich, über subjektive Eindrücke hinaus verbindlich festzulegen, was das Triviale eigentlich sei.

Zwischen Musils »Mann ohne Eigenschaften« und Flemings »James Bond« wird man klare Wertunterschiede treffen können; wie aber steht es mit der Einstufung von Dürrenmatts »Richter und sein Henker« oder Bölls »Haus ohne Hüter«? Die Wertskala zwischen absolutem Kitsch und absoluter Kunst ist durchaus fließend und für den zeitgenössischen Kritiker ist es sehr schwierig, den Markierungspunkt auf dieser Skala eindeutig festzulegen. Mit dem zeitlichen Abstand erst klären sich die Perspektiven und die Literaturwissenschaft tritt in ihr Recht. Sie beschneidet den Wildwuchs der Literaturproduktion einer Epoche und liefert ein ästhetisch befriedigendes Bild, das aber die Wirklichkeit nur mangelhaft widerspiegelt. Denn der Leser macht sich ein anderes Bild vom literarischen Leben seiner Zeit. Er orientiert sich an dem, was seinen Bedürfnissen entgegenkommt. Wie aber sehen diese Bedürfnisse aus?

Heute geht man dieser Frage, wie wir sahen, mit der Meinungsforschung zu Leibe. Für die uns hier interessierende Epoche versagt diese Methode und wir müssen uns nach anderen Anhaltspunkten umsehen.

Die allgemeine geistesgeschichtliche und soziologische Situation im 18. Jahrhundert liefert uns die Folie, von der wir auszugehen haben und an der wir unsere Ergebnisse überprüfen müssen. Wenn wir uns hier zunächst scheinbar auf zu unsicherem Boden bewegen, so kommt uns doch exaktes statistisches Zahlenmaterial zu Hilfe. Jentzsch machte sich 1912 die Mühe, die Ostermeßkataloge von 1740, 1770 und 1800 durchzuzählen und auszuwerten, wodurch wir eine genaue Kenntnis von den Vorgängen auf dem Buchmarkt des 18. Jahrhunderts haben. Und da wir von der Vorstellung ausgehen dürfen, daß auch damals Angebot und Nachfrage sich bereits wechselseitig bedingten, können wir aus diesen Angaben wichtige Rückschlüsse auf das Verhalten und Bedürfnis der Leser ziehen.

Aus Inhalt und Aussagewert einiger ausgewählter Bestseller des späten 18. Jahrhunderts wollen wir schließlich eine nähere Kenntnis von diesen Bedürfnissen zu gewinnen suchen.

Der Vergleich des geistesgeschichtlich-soziologischen Hintergrundes, exakter Statistik und die Lektüre selbst sollen uns also helfen, ein Bild von den Bedürfnissen und Vorstellungen des Lesepublikums zur Goethezeit zu entwerfen.

Wenn wir mit den gesicherten Ergebnissen der Statistik beginnen, so erwartet uns gleich eine große Überraschung. Da zeigt sich nämlich nicht nur ein großes Anwachsen der Buchproduktion von 1740 bis 1800, die wegen des materiellen Aufschwungs durch die beginnende Industrialisierung, wegen der intensiven Bildungsbemühungen der Aufklärung und schließlich der Verbreitung der Lesefähigkeit durch die Einführung der allgemeinen Schulpflicht nicht anders zu erwarten war; überraschend ist hingegen die inhaltliche Veränderung der Buchproduktion:

Während 1740 nur rund 5% aller Neuerscheinungen den Gebieten der Schönen Künste angehörten und nur 2,5% Romane waren, erschienen 1800 rund 22% Werke der Schönen Künste und 12% aller Neuerscheinungen waren Romane.

In absoluten Zahlen heißt das:

Im Jahrzehnt von 1751–60 wurden nur 73 Romane in deutscher Sprache veröffentlicht, im Jahrzehnt von 1791–1800 aber 1623!

73 zu 1623, diese Zahlen sprechen für sich. In der 2. Hälfte des 18. Jahrhunderts erobert sich der Roman einen Platz im literarischen Leben, den er bis heute behaupten konnte. Anscheinend ist der Roman, wenn es ihn auch schon seit der Antike gibt, recht eigentlich ein Kind der Moderne, und wir gehen sicher nicht fehl in der Behauptung, daß er als

wirklichkeitsnächste Kunstgattung dem literarischen Bedürfnis der modernen Massengesellschaft am besten gerecht wird.

Denn bei der Romanflut, die in der 2. Hälfte des 18. Jahrhunderts den Büchermarkt zu überschwemmen beginnt, handelt es sich bestimmt nicht ausschließlich, ja nicht einmal vordringlich um künstlerisch bemerkenswerte Produkte. Am dichterischen Schaffen dieser Zeit hat der Roman im Vergleich zum 19. und erst recht zum 20. Jahrhundert noch einen sehr kleinen Anteil. Der Roman als literarische Kunstform ringt noch um seine Anerkennung und die berühmte Diskussion zwischen Goethe und Schiller über das Epische geht hauptsächlich um das Versepos. Noch weit ins 19. Jahrhundert hinein gilt die verbreitete Auffassung vom Roman als unkünstlerischer Gattung, dem Halbbruder der Poesie, auch wenn schon Werke höchsten Ranges entstehen.

Dieser offiziellen Verfemung zum Trotz setzt sich der Roman effektiv durch. Eine neue Gattung also muß herhalten, um einem neuen Leserkreis die angemessene Lektüre zu liefern.

Handelt es sich dabei aber wirklich um einen neuen Leserkreis, oder handelt es sich nur um den Geschmackswandel bei einem schon immer lesefreudigen Publikum?

Beides scheint der Fall zu sein: um 1700 entsteht eine neue Gesellschafts- und Publikumsschicht, deren Geschmack sich im Laufe des Jahrhunderts allmählich wandelt.

Das 18. Jahrhundert ist das Zeitalter der Aufklärung. Während eines Jahrhunderts wird um die Autonomie der menschlichen Vernunft gerungen. Dieser Kampf um die geistige Unabhängigkeit hat seine praktische Entsprechung im Kampf um soziale und politische Freiheit, der seinen Höhepunkt am Ende des Zeitalters in der französischen Revolution findet, dem äußeren Kennzeichen für die bürgerliche Emanzipation, in deren Folge durch einen ungeahnten Aufschwung der technischen und wirtschaftlichen Entwicklung die moderne Zeit eingeleitet wird.

Dieser Umschwung von der aristokratischen Elitegesellschaft zur modernen Massengesellschaft ist das Ergebnis der philosophischen und wissenschaftlichen, politischen und technischen Anstrengungen, die das 18. Jahrhundert unternahm, und diese Wandlungen finden nicht zuletzt ihren Niederschlag in den literarischen Produkten dieser Zeit.

Noch zu Anfang des 18. Jahrhunderts lassen sich deutlich zwei verschiedene Ebenen literarischen Schaffens unterscheiden. Jahrhundertealte Tradition verband die Dichtung mit der tragenden Kulturschicht der höfischen Gesellschaft. Preisgedicht und Festspiel waren dafür ebenso Ausdruck wie die Inhalte des heroischen und picaresken Romans, der am Ende des 17. Jahrhunderts in hoher Blüte stand. Diese Dichtung aber hatte nur geringe Breitenwirkung, was nicht allein durch die unverhältnismäßig hohen Buchpreise und das noch weitverbreitete Analphabetentum zu erklären ist. Der entscheidende Grund liegt vielmehr in der Reformation und ihren Folgen. Das mag zunächst überraschen, jedoch ist die Entstehung eines breiten Leserpublikums als Folge nachreformatorischer Bemühungen zu beweisen. In ganz Europa ist seit etwa 1550 ein Bruch mit der weltlich-schöngeistigen Literatur zu beobachten, die nun in der asketischen Haltung des Calvinismus aller Sinnenkultur gegenüber als eitel, ja frivol gilt. So beschränkt sich Dichtung auf die aristokratische Oberschicht, während weitesten Kreisen der Zugang zu ihr nun nicht nur aus sozialen, sondern auch aus theologischen Gründen verwehrt bleibt. Dafür aber schafft diese religiöse Erneuerungsbewegung eine Aufnahmebereitschaft für die Verbreitung anderer Literaturprodukte. An die erste Stelle rückt natürlich die Bibel, die, in die verschiednen Landessprachen übersetzt, jetzt auch dem Laien zugänglich wird. Die rivalisierenden Kirchen der Reformationszeit sehen sich aber auch gezwungen, ihre verschiedenen Dogmen und theischen Systeme einer breiten Masse bekannt zu machen, wozu ihnen die neuen Möglichkeiten des Buchdrucks sehr zustatten kommen. Neben der Bibel finden daher populär-exegetische Schriften, glaubhafte Historien und beispielhafte Abhandlungen aus dem Gebiet des praktischen Lebens weite Verbreitung. Von größter Bedeutung aber für die Ausbildung eines ansprechbaren Publikums wurde die gegenüber der katholischen Kirche vertretene Auffassung vom Laienpriestertum:

Keimzelle des frühprotestantisch-kirchlichen Organismus wurde die patriarchalisch geordnete Familiengemeinschaft, die den Hausvater zum Andachthalten verpflichtete.

Um diesen Aufgaben nachkommen zu können, bedurfte es einer intensiven Beschäftigung mit Erbauungsschriften, Auslegungen und Traktaten, deren internationale Verbreitung um 1700 einen erstaunlichen Umfang erreicht hatte, und die noch 1740 20% aller auf der Leipziger Buchmesse angebotenen Neuerscheinungen ausmachte.

Für die gleichen Leserschichten hat sich neben den Erbauungsschriften eine Literaturart erhalten, die mehr durch sekundäre Zeugnisse als durch noch vorhandene Beispiele zu belegen ist: weitgehend mündlich tradiert, im übrigen in billigen Einblattdrucken und später in billigen Heftchen verbreitet, finden sich noch spärliche Reste von Volksbüchern, märchenhaftem, legendärem, wundergläubigem und abenteuerlichem Erzählgut.

Um 1700 lassen sich also, vereinfachend dargestellt, zwei Ebenen literarischen Schaffens und dementsprechend zwei Leserschichten unterscheiden: diejenige, die die hohe Literatur fördert und mit ihrem Geschmack beeinflußt – nämlich die höfische Gesellschaft und eine exklusive Dichtung, die von heroischer bis zu galanter Manier tendiert; auf der anderen Seite diejenigen Kreise, für die nicht der ästhetische Genuß, sondern die Erbauung und Belehrung im Vordergrund stehen, und deren Bedürfnisse durch eine unliterarische oder besser vorliterarische Form von Schriften befriedigt werden.

Wie sich die Leserschaft dieser zweiten Kategorie zusammensetzt, ist mehr zu vermuten als zu beweisen. Wahrscheinlich handelt es sich dabei nicht einmal vordringlich um die breite Masse des ungebildeten Volkes, denn die war weder ökonomisch noch wissensmäßig überhaupt in der Lage, Schrifttum zu konsumieren. Es wird sich hierbei vielmehr um eine breite Mittelschicht städtischen Bürgertums gehandelt haben: Handel- und Gewerbetreibende, Geistliche, Gelehrte und Beamte; jedenfalls ging von diesen Kreisen die so folgenschwere Entwicklung aus.

Es mag dahingestellt bleiben, was im Verlauf der bürgerlichen Emanzipation des 18. Jahrhunderts Ursache und Wirkung war. Das Gedankengut der Aufklärung und der wirtschaftlich-soziale Aufstieg des Bürgertums bedingten sich wechselseitig und sind nur verschiedene Ausprägungen des gleichen historischen Vorgangs. Bereits zu Beginn des 18. Jahrhunderts begegnet man einem deutlich gestiegenen Selbstbewußtsein der bürgerlichen Kreise, die sich in einer nach dem 30jährigen Krieg wiedererlangten sozialen Sicherheit, dem Eindringen in Ämter, die bis dahin fast ausschließlich dem Adel vorbehalten waren, den erweiterten Bildungsmöglichkeiten und schließlich in einer bewußt geforderten Teilhabe am geistigen Leben äußert. Deutlich läßt sich am Ende der Barockliteratur eine immer stärkere Berücksichtigung bürgerlicher Geschmacksansprüche ablesen. Das zeigt sich vor allem in den Romanen eines Weise und Beer, Reuter und Talander und ihrer Nachahmer, die von der Literaturwissenschaft unter dem Namen des »galanten Romans« zusammengefaßt werden. Aber all diese Werke sind inhaltlich und formal noch der Barockdichtung verpflichtet und selbst die erst 1731 erscheinende »Insel Felsenburg« von Schnabel kann die Tradition des weitschweifigen heroischen Abenteuerromans nicht verleugnen, so sehr sie auch schon neue Inhalte zu gestalten sucht. Eine angemessene Ausdrucksform für das neue bürgerliche Ideal ist in diesen Romanen noch nicht gefunden. Um die völlig anderen Anschauungen aufklärerischen Denkens auszudrücken, können die tradierten Barockformen nämlich nicht mehr genügen. So verebbt die Welle der galanten Romane gegen die Mitte des Jahrhunderts mehr und mehr, ohne eine Nachfolge zu finden.

Die Aufklärung aber schafft sich ein eigenes Instrument, um dem Publikum die Ergebnisse ihres Denkens und Forderns nahe zu bringen. Als erste eigenständige Publikation dieser neuen Geisteshaltung sind die moralischen Wochenschriften bekannt, die nach englischem Vorbild in den zwanziger und dreißiger Jahren in Deutschland weite Verbreitung finden. In ihnen sehen wir auch den ersten Hinweis auf den formalen Ursprung der neuen Literatur, denn es handelt sich vornehmlich um erbauende und belehrende Traktate, die durch exemplarische Lebensläufe illustriert werden, ganz in der Weise, wie die geistliche Predigt ihre moralische Lehre durch Beispiele belegt und verlebendigt. Der Ursprung aus den theologischen Erbauungsschriften ist also nicht zu übersehen, und das ist um so weniger verwunderlich, als sich diese Literatur ja auch bewußt an die gleichen Leserkreise wendet, die wir eben als Konsumenten des vorliterarischen Schrifttums kennenlernten, das gebildete Bürgertum, das seine literarischen Bedürfnisse nicht in der Nachahmung aristokratischer Dichtung befriedigen will, sondern eigene Ausdrucksformen sucht. Nicht Unterhaltungsbedürfnis ist also zunächst sein Leseansporn, sondern Auseinandersetzung mit den Lebensforderungen, Erkenntnis und Bestätigung der aufklärerischen Tugenden.

Das höchste Gut des Menschen, so lehrt diese neue Philosophie, ist die menschliche Vernunft. Mit ihr hat der Mensch teil an der Wesenheit Gottes, und seine höchste Verpflichtung auf Erden ist es, an der Vervollkommnung dieser Vernunft zu arbeiten, d. h. einmal, die Erkenntnis zu erweitern, zum anderen aber und vordringlich, die Einsicht in das Gute und Böse zu vertiefen und dadurch den Leitfaden für ein rechtmäßiges Handeln zu gewinnen. Rechtmäßiges Handeln nämlich ist sinnvolles Handeln, und so wie der Mensch durch eine verbindliche Verpflichtung an das göttliche Sittengesetz gebunden ist, hat er zugleich durch den rechten Gebrauch der Vernunft auch die Möglichkeit erhalten, dieser sittlichen Verpflichtung nachzukommen. Die zweckmäßige Ordnung dieser besten der möglichen Welten drückt sich in einer sinnvollen Verknüpfung von Pflicht und Möglichkeit, dieser Pflicht zu entsprechen, aus. Fortschrittsoptimismus und Streben nach Glückseligkeit sind die Wurzeln dieser Welthaltung. Realistische Welterfassung und Bemeisterung einerseits, Gewinnung der inneren Zufriedenheit und Selbstbescheidung im bürgerlichen Lebenskreis andererseits sind ihre Zwecke und Ziele.

Auf diesem Sittengesetz ruht das bürgerliche Vernunftideal: rationale Erkenntnis, Zweckmäßigkeit des Lebens, Tugendhaftigkeit im Handeln sind die Lebensinhalte, die das aufstrebende Bürgertum braucht, um sich gegen den adeligen Sittenkodex zu unterscheiden und zu behaupten.

Im bürgerlichen Trauerspiel der fünfziger und sechziger Jahre finden diese Ideen ihren Niederschlag. Bezeichnenderweise treten sie aber im Roman noch früher und vor allem mit wesentlich größerer Breitenwirkung auf.

1740 erscheint Richardsons »Pamela«, die traurige und doch so erbauliche Geschichte eines jungen Mädchens, das den lüsternen Nachstellungen eines adeligen Herrn ausgeliefert wird, jedoch allen Anfechtungen zum Trotz standhaft bleibt und der Tugend schließlich zum Sieg verhilft. Dieses englische Vorbild eroberte bald den Kontinent und die ersten Nachahmer werben in Deutschland um die Gunst des Publikums. Hermes schreibt 1766 seine »Miß Fanny Wilkens«, die noch ganz dem englischen Milieu entstammt, ehe er es wagt, eine ähnliche Handlung nach Deutschland zu verlegen: »Sophiens Reise von Memel nach Sachsen« von 1770 wird der erste große Publikumserfolg des deutschen bürgerlichen Romans, der schon ein Jahr später, 1771, überboten wird durch den von Wieland herausgegebenen Roman seiner Jugendfreundin Sophie de la Roche, dem »Fräulein von Sternheim«. In diesen tugendhaften Mädchengestalten hat die bürgerliche Gesellschaft ihre Heldin gefunden.

Von nun an überschwemmt eine fast unübersehbare Flut moralisch-didaktischer Romane den deutschen Büchermarkt und es ist nur im Hinblick auf die uns bekannte Entwicklung der Dichtung überraschend zu sehen, daß einer der größten Erfolge dieser Gattung erst am Ende des Jahrhunderts erschien, nämlich die bereits erwähnte »Elisa«. Dieses Weib, wie es sein sollte, ist die reinste Verkörperung des tugendhaften Aufklärungsideals; allen Schicksalsschlägen zum Trotz hat sie das Ideal der inneren Zufriedenheit erreicht und kann am Ende ausrufen:

»Ich sterbe mit dem Bewußtsein, daß ich mitwirkte, die Summe des Guten zu vermehren, und meine Bestimmung als Mensch erfüllte.... Die Zukunft sei, wie sie wolle, ich sterbe ruhig, weil ich mit dem Bewußtsein sterbe, meine Pflicht erfüllt zu haben.«

An diesem Zitat ist vor allem der letzte Satz beachtenswert, denn er beweist die völlige Lösung vom christlichen Heilsdenken, an deren Stelle ganz das aufklärerische Sittengesetz der vernunftmäßig-begründeten Pflichterfüllung getreten ist.

1795, sagten wir, ist dieser Roman erschienen, und wir können als erstes Ergebnis festhalten, daß die Anschauungen weiter Kreise von der undogmatisch gewordenen Aufklärung geprägt blieben und an der geistigen Neuorientierung, die bereits 20 Jahre früher mit dem Aufbruch der Stürmer und Dränger eingesetzt hatte, keinen Anteil nahmen.

Allerdings war auch das populäre Aufklärungsdenken, wie es sich gerade in diesem Zitat äußerte, in den letzten Dezennien des Jahrhunderts einem Wandel unterworfen.

Die so selbstsichere Elisa war ja nicht die einzige Repräsentantin des zeitgenössischen Romans.

Zwar war ihr Ideal der Gelassenheit durchaus erstrebenswert, doch war der optimistische Fortschrittsglaube an die Verwirklichung der besten der möglichen Welten schon seit langem ins Wanken geraten.

Die Verwirklichung des absoluten Sittengesetzes führte nämlich nur allzu oft zu einer Vergewaltigung der persönlichen Wünsche und Bedürfnisse, indem die Forderungen der Pflicht häufig im Widerspruch zu den subjektiven Neigungen oder auch den Ereignissen der Wirklichkeit stehen. Gegen diese Vergewaltigung der Persönlichkeit hatten die Stürmer und Dränger opponiert, indem sie die absolute Freiheit des Subjekts proklamierten. Aber um welchen Preis! Denken Sie an den Räuber Moor, an den Goetz, an die Helden von Klinger und Lenz. Das Genie, das sich außerhalb der Gesellschaft stellt, und auch keine absolute Bindung mehr anerkennt, sondern nur noch das selbstgegebene Gesetz, gewinnt zwar eine scheinbare Freiheit, muß aber seine Hybris mit dem Titanensturz bezahlen. Solch einer Größe in Leben und Untergang nachzustreben, war einem normalen Sterblichen nicht möglich, ja, sie überhaupt nur nachzuempfinden, lag außerhalb seiner Erlebnisfähigkeit. Er konnte nur Resignation und Schmerz empfinden, konnte allenfalls diese Empfindungen selbst zu einem neuen Lustgefühl emporsteigern.

Nur unter diesem Aspekt ist der ungeheure Breitenerfolg des 1774 erschienen »Werther« zu verstehen. Wenn auch von Goethe als Überwindung der Empfindsamkeit geschrieben, wurde er von den Lesern als deren höchster Triumph aufgenommen. Wohl kaum ein Werk der Weltliteratur hatte einen solch phänomenalen Erfolg; es stellt, wenn auch nicht in der Auflagenhöhe, so doch in seiner ideellen Wirkung, jeden modernen Bestseller in den Schatten. Das zeigt sich auch hier wieder am deutlichsten in der Nachfolge: schon 2 Jahre später, 1776, erschien der erfolgreichste sentimentale Roman, Johann Millers »Siegwart, eine Klostergeschichte«. Dabei hat dieser gefühlvolle Klosterbruder mit seinem großen Vorgänger nicht mehr gemeinsam als das traurige Ende aus unglücklicher Liebe – und selbst dieses Ende ist von Warthers Tod so weit entfernt, daß es kaum einen Vergleich zuläßt. Wo Werther, zu höchster Verzweiflung getrieben, mit letzter Energie den Freitod wählt, welkt Siegwart langsam dahin und haucht sein Leben verschmachtend über dem Grab seiner Geliebten aus. Von da an schluchzt und schmachtet es in den Romanen der Werther- und Siegwart-Nachfolge, die Tränenbäche schwillen zu Strömen an und erleichtern dem hingebungsvollen Leser die bedrängte Seele. Bis ins neue Jahrhundert hinein reißen die Geschichten von Lottchen und ihrem unglücklichen Liebhaber nicht ab, so sehr auch schon früh versucht wird, das Wertherfieber zu ironisieren. Ein besonders hübsches Beispiel dafür ist neben Nicolais bekannter Persiflage »Die Freuden des jungen Werther« der bereits 1777 erschienene Roman eines Herrn Bernritter mit dem beziehungsreichen Titel: »Siegwart oder der auf dem Grab seiner Geliebten jämmerlich erfrorene Kapuziner«.

So sehr wir auch geneigt sind, diesen gefühlseligen Tränenregen lächerlich zu finden und in ihm den Ursprung sentimentalen Kitsches jüngerer Zeit zu sehen, so dürfen wir es bei diesem Standpunkt doch nicht belassen, denn diese Haltung entstammt ernstzunehmenden Motiven und hat weitreichende Folgen.

Ich deutete bereits an, daß die sentimentale Haltung als Reaktion auf die rationale Bevormundung des subjektiven Gefühls zu verstehen ist, ja mehr, eine erste Unsicherheit den absoluten Glaubenssätzen der Aufklärung gegenüber bedeutet.

Der gleiche Vorgang, der sich hier im individuellen Bereich abspielt, zeigt sich auch in der Einstellung gesellschaftlichen Ereignissen gegenüber.

Es ist der deutschen Literatur vornehmlich des 18. Jahrhunderts immer wieder vorgeworfen worden, daß sie völlig unpolitisch gewesen sei und an den großen gesellschaftlichen Umwälzungen keinen Teil gehabt habe. Während die englische und französische Literatur dieser Zeit reich ist an satirischen Utopien und politischen Pamphleten, finden sich in Deutschland allenfalls die sogenannten Fürstenspiegel, Schriften, deren ursprüngliche Aufgabe es war, den angehenden Herrscher in Form einer Bildungsreise auf seine zukünftige Aufgabe vorzubereiten. Und tatsächlich, obgleich der Bürger noch so gut wie keine gesellschaftlichen und überhaupt keine politischen Rechte hat, wird er nicht zum Revolutionär gegen die absolutistische Staatsgewalt, sondern erkennt sie so bedingungslos an wie das moralische Gesetz. Denn die Existenz beider liefern die Gewähr dafür, daß sich der vollkommene Glückszustand auf Erden erreichen läßt, wenn nur beim Herrscher ebenso wie bei jedem Untertan die Einsicht in das Gute vorhanden ist und aus dieser Einsicht die Richtschnur des Handelns gewonnen wird. Das kann so schwer nicht sein, muß jeder Mensch glauben, der von der Kraft der Vernunft überzeugt ist. Un die Wirksamkeit einsichtigen Handelns läßt sich an praktischen Beispielen demonstrieren. Hier am besten und zunächst in kleinem Kreis zeigt sich die Nützlichkeit aufgeklärten Verhaltens, denn die Förderung des Gemeinwohls ist ebenso Pflicht wie die Erlangung persönlicher Zufriedenheit. Aus dieser Haltung entstehen eine Fülle von Gesellschaftsutopien, denen allen ein philanthropisches Ideal zugrunde liegt. Allgemein bekannte Schriften dieser Art sind Pestalozzis »Lienhard und Gertrud« und die Vorstellungen, die Goethe in den »Wahlverwandtschaften« und den »Wanderjahren« entwickelte. Daneben aber entwerfen Pädagogen wie Salzmann und Sintenis und viele andere sich berufen fühlende Schriftsteller Bilder einer vollkommenen Gesellschaft.

»Unser Jahrhundert hat den Vorteil« – schreibt Sintenis in einem 1783 erschienenen Roman – »daß sich die Zahl sol-

cher Fürsten in ihm vermehrten, die die Aussichten in ihrem Lande für sich und jeden Menschenfreund verschönten... Gewiß wird sich ihre Zahl von Zeit zu Zeit noch vermehren, denn Gott führt das Menschengeschlecht auf allen Seiten nur nach und nach zu Vollkommenheit: Sie wird sich in dem Maße vermehren, in welcher sich der Fürsten Abscheu am Kriege vermehrt, und in der es gangbare Philosophie der Throne wird, nicht auf Erweiterung der Landesgrenzen und auf Vermehrung der Provinzen, sondern unter Zufriedenheit mit dem Lande, wie es einmal begrenzpfahlt ist, auf Glückseligkeit der Bewohner zu denken.«
Und an anderer Stelle:
»Daß diese Gründe voll Menschen sind, ist Gottes Werk; daß sie aber immer voller von weisen, guten und glücklichen Menschen sind, das ist unser Werk«.

Jedoch wird diesem Enthusiasmus und Fortschrittsoptimismus bald ein Quentchen Wermuth beigefügt.

Wie kommt es, daß aller besseren Einsicht zum Trotz die Willkür der Fürstenherrschaft so wenig ein Ende findet wie die Bosheit einzelner, ja schlimmer, wie kommt es, daß selbst bei bester Absicht die Staatsführung das Wohlergehen der Untertanen nicht garantieren kann und das persönliche Glück stets einem höheren Schicksal ausgeliefert bleibt?

Das freudige Vertrauen in die aufklärerische Kraft der Vernunft wird unterminiert von einem bangen Gefühl, bald von einem immer bedrängenderen Fragen nach Ursprung und Wirkung des Bösen in der Welt. Dieses theologisch-philosophische Problem der Theodizee hatte bereits den älteren Aufklärern zu schaffen gemacht und war 1759 von Voltaire in seinem Roman »Candide oder der Glaube an die beste der Welten« aufs glänzendste ironisiert worden.

In das breite Bewußtsein drang es erst allmählich ein und wurde ihm zur bedrängenden Sorge.

Der aufgeklärte Mensch nämlich, der sich gerade von der Autonomie seiner Vernunft überzeugt hatte und meinte, sich kraft dieser Vernunft von jeder metaphysischen Spekulation lossagen zu können, der aufgeklärte Mensch, der glaubte, endlich den Schlüssel zu einer moralischen Weltordnung in Händen zu haben, wurde durch die alltägliche Wirklichkeit eines anderen belehrt.

Es zeigte sich unausweichlich, daß jeder vernünftigen Einsicht zum Trotz und jedem vernunftmäßigen Handeln zum Trotz Unglück und Bosheit nicht aus der Welt zu schaffen waren. Der Kausalzusammenhang aller Ereignisse ist nicht völlig zu durchschauen, Ursache und Wirkung sind nicht auf eine rationale Formel zu bringen. Es bleibt ein ungeklärter Rest, der auf das Schicksal des einzelnen wie der Gemeinschaft den entscheidenden Einfluß behält. Für den Menschen, der die metaphysischen Bindungen gelöst hat und auf die autonomen Verstandeskräfte baut, ist das eine katastrophale Erkenntnis. Er muß das Unberechenbare als Dämonie empfinden. Angst und lähmendes Entsetzen und schließlich Verzweiflung bemächtigen sich seiner. Denn die Unmöglichkeit, nach freier Entscheidung zu handeln, führen zu Furcht und Schauer. Gefühl der Ohnmacht und Gefühl der Unheimlichkeit liegen beim Menschen nahe beieinander. Von Poe bis Kafka sind diese Zusammenhänge in der Literatur bekannt, auf die politischen Auswirkungen in jeder totalitären Macht braucht nur hingewiesen zu werden.

Die Wurzeln dieser modernen Daseinshaltung aber dürfen wir in der Konsequenz der säkularisierten Aufklärungshaltung sehen, der es nicht gelang, die Bedrängnis der realen Wirklichkeit durch eine neue Geistesleistung zu überwinden. Die Überwindung dieser fatalen Konsequenz der Aufklärung gelang in der Dichtung der Klassik und Romantik, in der Philosophie von Kant bis Hegel, wo der Mensch über sein zeitliches Dasein hinaus durch die Bindung an das zeitlos absolute Sein neue Freiheit und Selbstbestimmung gewann. Diese Erkenntnis ist die geistesgeschichtliche Leistung und Bedeutung der Dezennien um 1800.

Das natürliche Bewußtsein aber vollzieht diesen Gedankenschritt nicht mit. Es hält treu nach dem Gesetz, nach dem es angetreten, am Bezug zur realen Wirklichkeit fest und muß in diesem Rahmen versuchen, mit dem Dilemma fertig zu werden. Die hier sich äußernden Anschauungsformen können in Anlehnung an Kants »Antinomien der reinen Vernunft« als »Antinomien der natürlichen Vernunft« bezeichnet werden: einerseits ist die Vernunft die höchste und verbindliche Kraft des Menschen, mit der er am Göttlichen teilhat und auf deren Vervollkommnung alles ankommt, andererseits erweist sich die menschliche Vernunft in ihrer zeitlichen Begrenztheit außerstande, die ihr innewohnende Aufgabe zu erfüllen.

Was nimmt es noch Wunder, daß in dieser Zeit, die scheinbar ganz unter dem Zeichen helleuchtender Ration steht, das Dämonische und Unheimliche plötzlich breitesten Raum einnimmt?

Als kulturgeschichtlich hochbedeutsames Faktum tritt am Ende des 18. Jahrhunderts die Freimaurerei in Erscheinung, die mit Sektierertum und Geheimwissenschaft die ungeklärten Fragen des Lebens zu meistern sucht. Dieser scheinbare Widerspruch zu aufgeklärter Geisteshaltung der Zeit kann uns nun nicht mehr in Erstaunen setzen. Wie sehr diese Probleme aber alle Schichten beschäftigten, beweist, daß sie ihren literarischen Niederschlag bis in die dichterischen Äußerungen finden. Es sei nur an Schillers »Geisterseher« und Goethes »Gesellschaft vom Turm« im »Meister« erinnert, an Wielands »Peregrinus Proteus« und Jean Pauls »Unsichtbare Loge«, an Klingers »Faust« und Mozarts »Zauberflöte« – sie alle, die im Jahrzehnt von 1787-97 erschienen, sind motivlich unter dem Begriff der »Bundesmystik« zusammenzufassen, in denen Geheimbünde teils altruistische, teils dämonische Machtziele verfolgen. Was Wunder, daß sich auch der Unterhaltungsroman dieser Zeit des Motivs bedient, und seinen Beitrag zur Auseinandersetzung über die vernunftmäßige Erklärung der Welt liefert.

Das Unerklärliche wird zum Unheimlichen, das Unheimliche manifestiert sich in mächtigen Bünden, die im Geheimen wirken und das Schicksal einzelner und das der Welt bestimmen.

Sehen wir uns zu Illustration dieser theoretischen Vorüberlegungen zwei typische und erfolgreiche Romane der neunziger Jahre näher an:

der 1. sei »Aurora«, ein Roman, den Goethes Schwager Vulpius 4 Jahre vor seinem berühmten Rinaldo Rinaldini verfaßte.

Der Held gerät in die Stricke einer Schönen, die sich im Laufe der Erzählung als illegitime Tochter des letzten Fürsten von Ferrara erweist. Ein mächtiger, geheimer Bund, dessen Mitglieder in einflußreichen Staatsämtern in Italien, Spanien und Portugal sitzen, versucht mit allen, auch verbrecherischen Mitteln, sie auf den Thron zu heben. Das aber ist nur der äußere Zweck; zugleich verfolgt man nämlich das Ziel einer Revolution in Portugal und es erweist sich, daß die Bundesgenossen die eigentlichen Drahtzieher aller politischen Staatshandlungen sind.

An diesem Roman sehen wir deutlich, wie Autor und Leser ihr politisches Weltbild verständlich zurecht rücken wollen. Denn sie sind nicht in der Lage, die komplizierten Vorgänge und Verflechtungen des öffentlichen Lebens zu durchschauen und stellen sich als wirkende Ursache des unverständlich – unheimlichen Geschehens einen deus ex machina vor, eben jene mächtige Verschwörung, die im Geheimen wirkt. Diese vereinfachende Anschauung von der Organisation der Weltherrschaft hat bis heute ihre verhängnisvolle Entsprechung, wenn man für komplexe Entwicklungszusammenhänge die Verschwörung mächtiger Interessengruppen verantwortlich macht: das Judentum, den Weltkommunismus oder internationale Wirtschaftstrusts.

Wie in diesem Beispiel das politische und gesellschaftliche Leben auf seine treibenden Ursachen hin befragt wurde, beschäftigt in noch größerer Dringlichkeit die Frage nach dem unerklärlichen Fatum, nach Schuld und Erlösung im Leben jedes einzelnen.

Als typischer Vertreter sei hier Christian Heinrich Spieß vorgestellt, dessen psychologische Erzählungen von Verbrechern und Wahnsinnigen gerade im letzten Jahr in einem Neudruck herauskamen. Sie stehen in der Tradition von Schillers »Verbrecher aus verlorener Ehre«, Meißners Novellen und dem Pitaval und können mit zu den Vorläufern der psychologischen Kriminalgeschichte gezählt werden. Deutlicher noch wird das ihn eigentlich bewegende Problem in seinen Geister- und Zauberromanen, in denen Töne angeschlagen werden, die im Wiener Biedermeiertheater bei Gleich, Taimund und Nestroy ihre meisterliche Vollendung finden.

Denn hier bricht sich nun endgültig der Gedanke von der Unzulänglichkeit menschlicher Vernunftleistung Bahn. In seinem Bestseller »Der alte Überall und Nirgends« von 1792 hat ein Ritter, um Armen und Bedrängten zu helfen, das Landesgesetz gebrochen und wird zum Tode verurteilt. Seiner guten Absicht willen hofft er aber auf Gnade vor dem göttlichen Richter. Doch auch die Gottheit spricht ihn schuldig, wenn auch mit anderen Argumenten: nicht den Rechtsbruch macht er ihm zum Vorwurf, sondern die Folgen seiner Tat. Wenn sie auch aus guter Absicht ausgeführt wurden, so hatten sie nicht den erstrebten guten Erfolg und können deshalb nicht als sittlich gut anerkannt werden. Zur Sühne soll er als Geist wenigstens 3 segenbringende Handlungen vollführen, doch alle Bemühungen schlagen fehl.

So sind alle Taten des »Überall und Nirgends« Demonstrationen von der Zwecklosigkeit menschlichen Tuns. Da dem Menschen die klare und völlige Erkenntnis der Zusammenhänge fehlt, muß er seine Handlungen als freie Entscheidung des vernünftigen Gewissens ausführen. Selbst das von besten Absichten getragene Bemühen kann aber üble Folgen haben, da die Erkenntnis der Zusammenhänge nicht möglich ist. Darin aber liegt das Verhängnis menschlichen Seins, dem ohne wie immer vorgestellte metaphysische Gnade aus sich selbst heraus keine Erlösung möglich ist.

Traurigkeit, Resignation und Verzweiflung, das sind nicht zu überhörende Stimmen am Ende des Jahrhunderts. Die Unsicherheit des Lebens konnte durch den Vernunftoptimismus der Aufklärung nicht übertönt werden – doch das Leben geht weiter, es verlangt nach Arragement.

Und wenn der Leser auch die Bedrohung des Daseins, die er dumpf fühlt, in seiner Lektüre gedeutet haben will, so sucht er auf die Dauer noch mehr nach einer erbaulichen Überwindung, ja einer ergötzlichen Darstellung seiner kleinen Alltagswelt.

So mag als letztes Beispiel ein entzückender kleiner Roman dienen, der 1800 erschien: »Der Mann auf Freiersfüßen«, verfaßt unter dem Pseudonym Friedrich Laun von Friedrich August Schulze, einem Freund Tiecks. Da wird in kleinen und kleinsten Kapitelchen die Liebesgeschichte eines etwas schrulligen Junggesellen erzählt:

Er lebt als Literat und Rezensent in einer Wohnung, die er mit einer Maienlandschaft ausmalen ließ, da ihm der »kraftgenialische Winter« in tiefster Seele zuwider ist (eine Anspielung auf den Sturm und Drang – man sieht, wie lange eine Ideologie noch weiter wirkt!). Da er sich aber für diese Arbeit eine Theaterdekorateur verschrieb, dessen Malweise ja auf weiten Abstand der Wände berechnet ist, »erblickt man denn nun an ihnen eigentlich nur Zusammenflüsse von grünen, schwarzen, gelben und weißen dicken Klecksen, welche mir der Maler für Bäume, Sträucher und Blüten verkaufte«. – Ein Ausflug ins Heroische also, der sich sogleich selbst ad absurdum führt.

In dieser mißratenen Pseudolandschaft haust der Held und bringt seine Zeit damit zu, das gegenüberliegende Haus zu beobachten, an dessen Fenstern sich gelegentlich eine reizende Mädchengestalt zeigt. Durch die Vermittlung eines entflogenen Kanarienvogels kann er ihre nähere Bekanntschaft machen und sieht seine phantasievollen Zukunftsträume der Verwirklichung nahe. Leider stellt sich aber heraus, daß Mamsell Fahrlands Aufmerksamkeit nicht ihm, sondern dem unter ihm wohnenden Sekretär Langermann gilt. Der romantische Träumer ist daraufhin geneigt, sich resignierend in die Einsamkeit seines Theatermais zurückzuziehen. Aber da ist zum Glück noch Mamsell Fahrlands Freundin Luise. Und als nach einer vergnügten Schlittenfahrt in einem Schlußchoral das »Lied an die Freude« angestimmt wird, entscheidet sich sein Schicksal doch noch zum Guten:

»Als nun aber gesungen wurde: ›Wer ein holdes Weib errungen – mische seinen Jubel ein!‹ da sahen der alte Papa und die alte Mama Fahrland einander recht hold an. Herr Langermann aber sah die Gustel, und die Gustel sah den Herrn Langermann recht hold an... und ich und die Luise, wir sahen unsere Teller an. Da es aber hieß: ›Wer nie eine Seele sein nennen konnte, der stehle sich aus diesem Bunde‹, da lag gerade meine Hand neben Luisens Hand, und da fragte ich ganz leise, ob ich mich wegstehlen solle? Nicht doch! antwortete sie ebenso leise, und legte dazu ihre Hand auf meine Hand, daß ich nicht fortkonnte... Wie man nun, um den guten Geist über dem Sternenzelte zu begrüßen, die Worte sang: ›Freunde, fliegt von euren Sitzen!‹ da flogen wir, die Luise und ich, zuerst von unsern Sitzen, und die aufgehobenen Gläser zitterten in unsern Händen und die Thränen auf unseren entzückten Gesichtern«.

Von da an verzichtete er auf seinen gemalten Mai und erfreute sich eines lebendigen.

Diese liebevoll-selbstbespöttelnde Betrachtung der beschränkten kleinen Welt, die jedes Pathos, aber auch jede wehmütige Klage als falschen Ton zurückweist, und doch die dem Alltag innewohnende Schönheit preist, schlägt

Töne an, die bereits auf die Lebensauffassung des Biedermeier hinführt.

Viele weitere Spielarten des Romans dieser Zeit müssen leider unberücksichtigt bleiben, was einem Vortrag über ein so weitschweifiges Thema nicht angelastet werden möge.

Wir müssen vielmehr versuchen, anhand der wenigen Beispiele ein Resumée zu ziehen und ein Bild vom Lesepublikum und seiner Lektüre zu entwerfen.

Die Statistik lehrte uns, daß der Roman im Laufe des 18. Jahrhunderts einen bedeutenden Platz in der Buchproduktion eroberte und zwar in einer Weise, die durchaus im Widerspruch steht zum prozentualen Anteil des Romans am dichterischen Schaffen dieser Zeit. Er wird also die bevorzugte Gattung für einen Leserkreis, der seine literarischen Bedürfnisse an der zeitgenössischen Dichtung nicht mehr befriedigen kann. Umgekehrt ausgedrückt bedeutet das:

die genialen Schöpfungen der Dichtung um 1800 werden exklusiv, sie haben die unmittelbare Verbindung zur rezipierenden Gesellschaft verloren. Das ist eine uns heute durchaus geläufige Situation, die aber keineswegs selbstverständlich war. Denn in vorvergangenen Epochen befanden sich Schaffende und Aufnehmende, Künstler und Publikum, im gleichen Horizont der Anschauungsweisen. Zwar gab es zu allen Zeiten geniale Schöpfungen und routinemäßige Nachahmung, doch war das ein gradueller Wertunterschied. Im Stilwollen und in der geistigen Einstellung stimmten die Kunstwerke untereinander überein und sie bezogen sich bewußt auf Geschmack, Stilempfinden und Geisteshaltung ihrer Mitwelt, für die sie geschaffen worden waren.

Nun bricht diese Einheit auseinander. Und diesem Bruch wird von beiden Seiten her Vorschub geleistet, von seiten der schaffenden Künstler und von seiten des aufnehmenden Publikums. Sehen wir uns zunächst die Seite der schaffenden Künstler an:

Im Laufe des 18. Jahrhunderts lernt sich die Kunst als autonom verstehen. Das Genie fühlt sich nur noch dem eigenen Subjekt verpflichtet und nimmt keine Rücksicht mehr auf ein eventuelles Publikum. Diese Selbstherrlichkeit geht bis zur völligen Mißachtung des allgemeinen Geschmacks. An die Stelle des allgemeinen Geschmacksurteils tritt die professionelle Kritik der ästhetisch gebildeten und interessierten Kritiker. Überspitzt könnte man sagen:

Während bisher Kunst unter der Vormundschaft der öffentlichen Meinung stand, gerät jetzt die öffentliche Meinung unter die Vormundschaft der Kunstkritik. Entweder wird diese Kunstkritik widerstandslos akzeptiert, oder, was noch häufiger der Fall ist und es heute geblieben ist, sie wird gar nicht beachtet, und die öffentliche Meinung bildet nach wie vor ihre eigenen Urteile und klammert damit die künstlerische Produktion weitgehend aus ihrem Bewußtsein aus. Kunst wird exklusiv und die Angelegenheit einer Elite, eine verhängnisvolle aber kaum mehr zu überwindende Entwicklung, die uns heute in allen Sparten künstlerischen Schaffens erschreckend deutlich ist.

Die Anfänge dieser Entwicklung liegen im 18. Jahrhundert. Der Beginn des künstlerischen Autonomieanspruches und die literarisch-philosophische Überwindung der Aufklärungsideologie leiten diese Spaltung ein. Während die frühen Aufklärungsromane von Richardson bis La Roche mit der allgemein herrschenden Geistesströmung übereinstimmen, zeigt sich ein erstes Mißverständnis zwischen Schaffenden und Rezipierenden beim »Werther« und seinen Nachfolgern, und gegen Ende des Jahrhunderts hat sich das literarische Schaffen einiger Weniger und Geschmack und Interesse des breiten Publikums endgültig auseinander entwickelt.

Dieses Auseinanderfallen geht, wie gesagt, aber genauso zu Lasten des Publikums. Hier sind es vor allem soziologische und intellektuelle Beweggründe.

Zu Ende des Barockzeitalters erkannten wir neben dem weitgehend aristokratisch orientierten Kunstgeschmack ein vorliterarisches Lesebedürfnis, das als Folge der Reformation Erbauung und Belehrung sucht. Diesem Bedürfnis wird zunächst mit religiösen Schriften und Traktaten Genüge getan. Durch die Befreiung der Geisteshaltung im Laufe des 18. Jahrhunderts tritt als 3. Element das Bedürfnis nach Unterhaltung hinzu. Diese 3 Ansprüche aber, Erbauung, Belehrung und Unterhaltung will der Leser bis heute befriedigt sehen.

Er will seine eigene Welt gedeutet haben, er will eine Erklärung finden für das ihm Unverständliche der Fakten und Schicksale, er will wenigstens in einer Phantasiewelt die Tröstungen finden, die ihm die brutale Realität vorenthält.

Je mehr im Laufe des Jahrhunderts das Selbstbewußtsein dieser Leserkreise erwacht, um so stärker drängen sie mit ihren Ansprüchen nach einer Teilhabe am literarischen Leben. Die bürgerliche Kultur der Moderne entsteht, von der die aristokratische mehr und mehr zurückgedrängt wird.

Ausdruck dieser neuen Anschauungsform aber ist die Aufklärungsideologie. Sie ist Anstoß und Bestätigung des neuerwachten Selbstbewußtseins. Der von ihr gezeugte und geprägte Menschentyp muß an ihr festhalten, wenn er sich nicht selbst aufgeben will, auch auf die Gefahr hin, einer fortschreitenden Geistesentwicklung gegenüber rückständig zu werden.

Die Autonomie der Vernunft als höchste Erkenntnisstufe des natürlichen Bewußtseins bleibt von nun an für die Bemeisterung der Realität unabdingbare Voraussetzung.

Das Publikum und der Teil der Schriftsteller, der auch weiterhin für dessen Bedürfnisse sorgt, bleibt den Vorstellungen und Idealen der Aufklärung verhaftet – und das bis heute.

Wir können diese Vorstellungen, so wie wir sie an einigen typischen Romanen haben ablesen können, in 4 Punkten zusammenfassen.
1. ist es die Erkenntnis und Bemeisterung der realen Wirklichkeit, wie sie den 5 Sinnen durch unmittelbare Anschauung gegeben ist;
2. bedeutet diese Vorstellung das Festhalten an einem Tugendideal, das durch Fortschrittsoptimismus und Zweckdenken geprägt ist;
3. ergibt sich daraus eine Reduzierung metaphysisch-religiöser Vorstellungen auf innerweltliche Aufgaben, eine Säkularisierung der Religion zur Morallehre;
4. erwächst aus dem Verlust der transzendenten Bindung schließlich die Erkenntnis des Unerklärlichen, die Ohnmacht ihm gegenüber, das Gefühl des Ausgeliefertseins, die Angst vor dem Unheimlichen und ein neues Erlösungsbedürfnis.

Fortschrittsoptimismus, Nützlichkeitsdenken, moralische Verpflichtung, Angst und Erlösungsbedürfnis bestimmen bis heute unsern Alltag; sie sind das Erbe der profanierten Aufklärung.

Diese Anschauungsformen aber sind Gegenstand der hier behandelten Romane. Deshalb durfte als ihr wesentliches Charakteristikum nicht ihre stilistische Minderwertigkeit angesehen werden. Es erweist sich vielmehr immer wieder, daß literarische Kunstwerke zu Bestsellern werden können, wenn das Publikum in ihnen seine Anschauungen zu erkennen glaubt. Das gilt vom »Werther« bis »Buddenbrooks«, wobei der Grad des Mißverständnisses in beiden Fällen der gleiche ist. Genauso kann umgekehrt ein reiner Unterhaltungsroman stilistisch sauber, ja perfekt geschrieben sein. Das gilt von manchen hier erwähnten Romanen so wie etwa noch von Mitchells »Vom Winde verweht«.

Ausschlaggebend ist die Aktualität und Verständlichkeit für das Publikum. Die Dichtung verlor zwar ihren gesellschaftlichen Bezug aus eigenem Antrieb, doch auch, weil sie das populäre Aufklärungsdenken überwandt. Breite Leserkreise aber hielten daran fest – und hierin glauben wir die Begründung für die Behauptung gefunden zu haben, in den vorgeführten Romanen die Ahnen der modernen Unterhaltungsliteratur und in dem Lesepublikum der Goethezeit die Vorfahren unserer modernen Bestsellerleser zu erkennen. Von nun an müssen wir mit der Doppelgleisigkeit literarischen Lebens rechnen.

Literaturkonsum und Sozialprestige
VON HANS NORBERT FÜGEN

Im zweiten Gesang von »Hermann und Dorothea« schildert Goethe eine Auseinandersetzung zwischen Hermann und dessen Vater. Der Konflikt entsteht dadurch, daß Sohn und Vater im Hinblick auf Hermanns zukünftige Frau sich nicht einigen können, wobei das prinzipielle Recht des Vaters auf Mitsprache bei der Partnerwahl, wie in bäuerlichen Mehrgenerationen-Familien üblich, auch vom Sohn nicht in Frage gestellt wird. Der Streit hat also einen konkreten und keinen prinzipiellen Anlaß: Der Vater wünscht sich als Schwiegertochter eine junge Dame aus der Nachbarschaft, die Tochter eines Mannes, der durch Handel und Fabriken täglich an Reichtum gewinnt und der seine Tochter mit einer stattlichen Mitgift auszustatten vermag. Dem setzt Hermann seine persönlichen Erfahrungen entgegen: er sei bei seinen Besuchen von den Nachbarn gehänselt worden wegen seiner Unwissenheit: »er – so spöttelten die Nachbarn – er kennt nur Adam und Eva!« Der Vater läßt diese Erklärung nicht gelten, und nun wird die Auseinandersetzung doch grundsätzlich. Denn Hermann muß sich den Vorwurf gefallen lassen, daß er den Zug der Zeit nicht erkannt habe. Zu sehr habe er sich um Pferd und Acker gekümmert, anstatt sich jenen Pflichten zu widmen, die einer hat, wenn »er höher hinauf will«: dem Lesen und Schreiben und Lernen!

Goethe, der ein guter Beobachter seiner sozialen Umgebung war, schildert hier den Beginn einer Entwicklung, die sich im nachfolgenden 19. Jahrhundert erst manifestierte. Nicht der Bauer, sondern der Erwerbsbürger zieht Nutzen aus den Vorteilen des Jahrhunderts, wie sie sich ergeben aus dem Wachstum von Handel und Industrie. Und dieser Erwerbsbürger drückt den zunehmenden Wohlstand aus durch die Darstellung seiner Teilhabe an Bildungsgütern. Diese Bildungsgüter bestehen vor allem in musikalischen Fähigkeiten und literarischem Wissen. Da die Männer, vom Berufsleben stark in Anspruch genommen, nur wenig freie Zeit haben, betreiben an ihrer Stelle die Frauen und Töchter den literarischen Konsum und demonstrieren auf diese Weise nach außen hin Wohlstand. Denn ein Haushalt, der einem oder mehreren Familienmitgliedern so viel Muße läßt, daß sie sich literarisch bilden können, d. h. Tätigkeiten nachgehen und Kenntnisse erwerben, die sich nicht direkt in Vermögenszuwachs umsetzen lassen, muß auf einen den eigenen Bedarf bei weitem überragenden Wohlstand gegründet sein. So ist die von der Frau in Konversation und dekorativem Buchbesitz zur Schau gestellte literarische Bildung stellvertretender und zugleich demonstrativer Konsum: stellvertretend für die den Erwerb betreibenden männlichen Familienmitglieder, demonstrativ insofern, als eine anscheinend zweckfreie Tätigkeit auch dem Außenstehenden den drinnen vorherrschenden Überfluß zeigt. Die lesende Frau ist nicht nur familiärer Wohlstandsbeweis, sondern auch Ausdruck der Prosperität einer bestimmten Gesellschaftsschicht zu einer bestimmten Zeit, und sie geht deshalb ein in die Selbstdarstellung des Bürgertums in der bürgerlichen Kunst: die »Lesende« wird ein beliebtes Sujet der Malerei des 19. Jahrhunderts.

Die Agrarbevölkerung nimmt an dieser Entwicklung, wie Goethe sehr richtig beobachtete, kaum teil. Demzufolge geht sie in ihrer literarischen Bildung über die Kenntnis der religiösen Erbauungsbücher tatsächlich kaum hinaus. Zu deren Verbreitung übrigens war der Buchdruck erfunden worden, nicht zur Begründung einer literarischen Kultur, deren technische Basis sie schließlich doch geworden ist. Tatsächlich ist die Ausbreitung der literarischen Kultur ein wesentlicher Teil des Säkularisationsprozesses, Bestandteil also der Entfernung des Bürgertums von den tradierten religiösen Werten. Aus dem Emotionalen strömende charismatische Verehrung läßt das Bürgertum weniger den religiösen und mehr den künstlerischen Virtuosen zukommen. In diesem Sinne ist die Charakteristik von D. F. Strauß richtig: »Der einzige Kultus, welcher den Gebildeten dieser Zeit aus dem religiösen Zerfalle übrig geblieben, ist der Kultus des Genies«. Friedrich Nietzsche, sonst entschiedener und öffentlicher Gegner von Strauß, ist in diesem Punkt mit ihm, wie man in »Menschliches, Allzumenschliches« (150) lesen kann, einer Meinung: »Der zum Strome angewachsene Reichtum des religiösen Gefühls bricht immer wieder aus und will sich neue Reiche erobern: aber die wachsende Aufklärung hat die Dogmen der Religion erschüttert und ein gründliches Mißtrauen eingeflößt: so wirft sich das Gefühl, durch die Aufklärung aus der religiösen Sphäre hinausgedrängt, in die Kunst; in einzelnen Fällen auch auf das politische Leben, ja selbst direkt auf die Wissenschaft«.

Wenn wir uns von den geistes- und kulturgeschichtlichen Gründen ab wieder dem realen Verhalten zuwenden, so können wir feststellen, daß literarischer Konsum zum Beweis für sozialen Aufstieg und zum Statussymbol wird. Literarische Bildung und Buchbesitz sind Indizien für eine von Geburtsprivilegien unabhängige Zugehörigkeit zu den höheren Ständen. Die verpaßte oder verweigerte Teilnahme schafft soziales Gefälle, das im Extremfall schließlich zur Heiratsschranke werden kann.

Zu erwähnen ist noch, daß selbst der Staat sich das durch literarisches Ansehen vermittelbare Sozialprestige zunutze machte. Obwohl er einerseits das Bürgertum von der eigentlichen Machtausübung ausschloß und damit dessen Eskapieren in die literarische Wirklichkeit förderte, gelang ihm doch eine gewisse Rückbildung dieser Schichten ans Politische dadurch, daß er deren Heroen, die Dichter und Denker, zu Repräsentanten nationaler Größe erhob.

Inzwischen hat sich bekanntermaßen in der sozialen Stratifikation vieles geändert, dem Staat fällt es schwer, sich durch seine Literaten repräsentieren zu lassen, der literarische Konsum hat, rein technisch gesehen, potentielle Konkurrenten auf dem Freizeitmarkt gefunden.

Da die sozialen Verhältnisse komplizierter geworden sind, ist auch die Frage schwerer und nur in detaillierter Analyse zu beantworten, die Frage, wie es heute mit dem Verhältnis zwischen Buch und Leser bestellt ist, die Frage danach, ob auch in unserer gegenwärtigen Gesellschaft Literaturkonsum und Sozialprestige in einem deutlich erkennbaren Zusammenhang stehen. Deshalb soll im folgenden auf der Basis demoskopischer Erhebungen[1] das Verhalten der Leser als Leser und Buchbesitzer, als Buchkäufer und Entleiher, die Konsumentenschaft in ihrer sozialen Struktur, in der Art, in der sie sich selbst einschätzt und wie sie von anderen eingeschätzt wird, analysiert werden. Konkreter gesagt: Wer also sind die Kunden der 2455 Verlage und 8059 Buchhandlungen in der Bundesrepublik? Wie verhalten sie sich einem Angebot von (1965) 20862 Büchertiteln gegenüber?

LESER UND NICHTLESER

Selbstverständlich ist nicht die gesamte Bevölkerung, sondern nur eine Minderheit am literarischen Konsum beteiligt. Zu Unrecht weisen Kulturkritiker anprangernd auf diese Tatsache hin, denn diese Minderheit hat sich im

---

[1] Meine nachfolgende Analyse stützt sich auf das Zahlenmaterial einer vom DIVO-Institut von Mai bis Juli 1964 durchgeführten Befragung (veröffentlicht als *Buch und Leser in Deutschland*, Gütersloh 1965), auf die im Bertelsmann Brief 48/1966, S. 7–15 ergänzend veröffentlichten Tabellen und auf das Zahlenmaterial einer im November–Dezember 1958 vom EMNID-Institut geleisteten Erhebung, die Rolf Fröhner, *Das Buch in der Gegenwart*, Gütersloh 1961, veröffentlicht hat. Zu Rate gezogen wurde die Untersuchung der Stichting Speurwerk betreffende het Boek, Amsterdam (veröffentlicht als *Buch und Leser in den Niederlanden*, Gütersloh 1963).

Vergleich zu früheren Zeiten sicherlich verbreitet. Bei einer Befragung nach den Beschäftigungen vom Vortage nennen 12% der Befragten Bücherlesen und 20% nennen das Lesen von Zeitschriften. Damit lag 1964 das Lesen als Freizeitbeschäftigung beträchtlich hinter Radiohören, Fernsehen oder Spazierengehen. Im Vergleich zu diesen Tätigkeiten nimmt das Bücherlesen – und von nun an soll dies unter »Lesen« verstanden werden – am Wochenende nur minimal zu, lediglich die für das Lesen aufgewendete Zeit steigt von etwa eineinhalb Stunden auf zwei Stunden an. Nur etwa 36% der Bevölkerung greifen regelmäßig, d. h. alle vier Wochen wenigstens einmal, zu einem Buch; sie sollen hier als Leser bezeichnet werden. Selbst unter denjenigen, die dem Lesen mit einer beträchtlichen Wertschätzung gegenüberstehen, befindet sich ein Drittel, das nicht zum Lesen kommt. Lediglich bei denen, die für das Lesen erklärtermaßen nichts übrig haben, kommt Meinung und Verhalten ziemlich zur Deckung: sie lesen so gut wie nie. Trotzdem: das Lesen erfreut sich eines beachtlichen Ansehens. Selbst unter den eifrigen Fernsehern befinden sich mehr Leute, die das Lesen für eine sinnvolle Tätigkeit halten, als Leute, die das Fernsehen eine sinnvolle Tätigkeit nennen. Aber nicht nur das Lesen als eine Tätigkeit wird hoch geschätzt, sondern auch derjenige, der sich dieser Tätigkeit entzieht, ist in der allgemeinen Vorstellung ein Mensch mit mehr negativen als positiven Eigenschaften. Ein Nichtleser gilt als total uninteressiert und ungebildet, als ziemlich faul, als ärmlich und unsympathisch. Er gilt außerdem als einseitig, wird aber in diesem negativen Merkmal vom notorischen Fernseher noch übertroffen. Nichtleser haben also kein gutes Ansehen. Man kann diese Meinung über den Nichtleser nicht einmal ein Vorurteil nennen. Denn tatsächlich sind Leute, die nicht lesen, in ihren Freizeitbeschäftigungen sehr invariabel, wogegen die Leser auch anderen Beschäftigungen gegenüber, wie z. B. dem Radiohören, Fernsehen, Spazierengehen, aufgeschlossen bleiben und in ihrer Teilnahme an diesen Dingen hinter dem Durchschnitt nicht zurückstehen. Allerdings sind sie an aktuellen Ereignissen etwas weniger interessiert; die Meinung, daß das Interesse und das Bedürfnis, über aktuelle Geschehnisse Bescheid zu wissen, besser vom Fernsehen als durch Lesen zu stillen sei, wird auch von den meisten Lesern geteilt, von der Auffassung der eifrigen Fernseher in diesem Punkt ganz zu schweigen.

Um den Leser als Idealtypus näher charakterisieren zu können, hat das DIVO-Institut mit Recht den »eigentlichen« Leser abgehoben von demjenigen, der nur Kriminalromane schmökert, und andererseits von demjenigen, der sich ausschließlich für Fachbücher interessiert. Es handelt sich also um den Leser, der sich für Belletristik, gute Unterhaltungsliteratur, auch für Klassiker interessieren kann, dem es zwar um Handlung, aber nicht um Spannung allein, dem es um Wissenszuwachs in einem nicht sehr bestimmten, sondern diffusen Sinne geht, keinesfalls aber um reines Lernen durch Fakteninformation per Buch. Dieser Leser gilt vor allem als vielseitig, als fleißig, interessiert und gebildet; er ist sympathischer und geselliger als die anderen Leser. Lediglich eine leitende Stellung, die ihm sehr viel Arbeit bringen würde, traut man ihm weniger zu als demjenigen, der nur Fachbücher liest und der ihm an Fleiß noch überlegen ist. Dem Krimi-Leser gegenüber wird er durchgehend positiver beurteilt.

Nicht alle Bücher, die gekauft werden, werden auch gelesen. Doch scheint es schwer, hier eine gültige Relation zu ermitteln. Jedenfalls gehen 18% der gekauften Bücher als Geschenk an andere weiter. Die meisten derer, die ein Buch zum Verschenken kaufen, orientieren sich am Inhalt. Repräsentationsgeschenke, vom teuren Bildband bis zur respektablen Gesamtausgabe, fallen in ihrem prozentualen Anteil nicht sehr ins Gewicht.

Aber auch nicht alle Bücher, die gelesen werden, werden gekauft. Zwar spielt das Entleihen in öffentlichen Bibliotheken und Leihbüchereien nummerisch noch keine sehr große Rolle. Von noch geringerer Bedeutung ist das Leihen bei Bekannten und Verwandten. Das Gefühl, Bücher von einem anderen zu entleihen, sei unstatthaft, ist noch sehr verbreitet und nimmt übrigens mit steigendem Alter zu. Dagegen ist der elterliche Bücherschrank von beträchtlichem Einfluß, denn nach dem Kaufen liegt, wenn auch in großem Abstand, das Entnehmen gelesener Bücher aus dem Familienbestand an zweiter Stelle. Die Bedeutung des elterlichen Buchbesitzes für das Leserverhalten wird sich jedoch nicht in einer solchen statistischen Häufigkeitsanordnung völlig erfassen lassen. Die Wahrscheinlichkeit ist groß, daß ein intrafamiliär vorgegebenes Leserverhalten sich von Generation zu Generation auswirkt, und daß die Anpassung an die familiäre Lesetradition und die vorherrschende literarische Bildung innerhalb der Familie positiv sanktioniert wird.

Etwa zwei Drittel der Käufer beziehen ihre Bücher in Buchhandlungen, ein Drittel durch Buchgemeinschaften. Supermarkt und Kiosk spielen in Deutschland, im Gegensatz zu Amerika[2], eine verschwindende Rolle. Alle Untersuchungen zeigen, daß der Kunde sich in der Buchhandlung ruhig, meist gedämpft sprechend, oft aber auch unsicher verhält. Es lassen sich hierfür zwei Gründe nennen: 1. Die große Anzahl der Bücher wirkt bedrückend und verwirrend; 2. Es entstehen Hemmungen aus der Angst vor einem ver-

---

[2] Gegenüberstellung vergleichbarer Einkaufsquellen für Bücher in Deutschland (Buch und Leser in Deutschland, Gütersloh 1965, S. 284 – DIVO –) und USA (R. H. Brown, Book Buying, in Publishers Weekly 185/19 (1964) nach der von C. Uhlig im Bertelsmann Brief 36 (1965), S. 5 gegebenen Zusammenfassung):

	DIVO %	Publ. Weekly %
Buchhandlung	67	33
Buchgemeinschaften	35	14
Taschenbuchladen	1	7
Kaufhaus, Supermarkt, Kiosk	6	17

muteten Bildungsgefälle entweder gegenüber dem Personal oder gegenüber den anderen anwesenden Kunden und vor dem durch das Zutagetreten dieses Bildungsgefälles verursachten Prestigeverlust. Mehr als die Hälfte der Bevölkerung geht ungern in eine Buchhandlung. Innerhalb dieser Hälfte wagt ein kleiner Teil zuzugeben, daß er unter der Angst leidet, sich zu blamieren. Der größere Teil, der sagt, er verstehe nichts von Büchern und bleibe deshalb der Buchhandlung fern, wird durch das gleiche Residuum motiviert sein. Wie sehr sich dieser Sachverhalt auf die Hinwendung zu den Buchgemeinschaften auswirkt, zeigen die für die Mitgliedschaft am häufigsten genannten Gründe: entweder allein und in Ruhe oder im Kreise der Familie ein Buch aussuchen zu können.

Im übrigen wächst der Bekanntheitsgrad der Buchgemeinschaften relativ schnell. Gleichzeitig nimmt die Einstellung ab, nach der die Mitgliedschaft bei einer Buchgemeinschaft als suspekt gilt. Zwar ist hier wie fast überall die Eigenbewertung günstiger als die Fremdeinschätzung, doch gilt allgemein auch ein Buchgemeinschaftsmitglied als vielseitig interessiert, gebildet, fleißig und sympathisch. Jedoch erreichen die Buchgemeinschaftsmitglieder in einem semantischen Profil nirgends die starke Ausprägung positiver Merkmale, die ein als normal angesehener Leser erreicht.

Aufteilung nach soziographischen Merkmalen

Alter:

Innerhalb der Altersgruppe bis zu 20 Jahren erfreut sich das Bücherlesen der höchsten Wertschätzung und liegt ungefähr mit dem Fernsehen gleich. Während in den nachfolgenden Altersgruppen sich die Wertschätzung des Fernsehens zunächst hält und dann langsam absinkt, fällt die Wertschätzung des Lesens in den späteren Altersgruppen viel stärker ab. Als Möglichkeit der Weiterbildung wird das Lesen allerdings von Leuten über Dreißig mehr akzeptiert; die Jüngeren schätzen die öffentliche und weniger isolierende Art der Weiterbildung in Vorlesungen und Vorträgen zwar nicht höher als das Lesen, räumen ihr im Gegensatz zu anderen Altersgruppen daneben aber einen beachtlichen Platz ein. Die Einschätzung des Buchbesitzes als Zeichen von Intelligenz und Bildung entspricht bei den Jüngeren dem Durchschnitt. Die altersbedingte finanzielle Einschränkung scheint in ihnen die Neigung zu fördern, Buchbesitz mehr als andere als ein Indiz für Reichtum anzusehen. Negative Beurteilungen für den Buchbesitzer, wie z. B. »Büchernarr«, halten sich mit 6% zwar in unbedeutendem Quantum, sind hier aber häufiger als in den späteren Altersgruppen. Die hervorragende positive Beurteilung des Lesens durch Jugendliche unter zwanzig Jahren korreliert mit der günstigen Beurteilung der ihnen zur Verfügung stehenden freien Zeit. Gerade aber die subjektive Meinung, über viel freie Zeit verfügen zu können, die ihren Grund hier nicht nur in objektiven Tatbeständen, sondern auch im jugendlichen Lebensgefühl haben dürfte, ist eine Vorbedingung jener Muße, die notwendig ist, wenn dem Lesen vor anderen Freizeitbeschäftigungen der Vorrang gegeben werden soll.

In der Gruppe der Leser unter zwanzig Jahren befinden sich mit 88% mehr Buchbesitzer als in jeder anderen Altersgruppe, jedoch ist die Anzahl ihrer Bücher meist klein. Der Anteil der Unterhaltungsbücher am Buchbesitz hält sich in dieser Gruppe unter dem Durchschnitt: dreißig gegenüber durchschnittlich einundvierzig Bänden. Bei der *Anschaffung* von Nachschlagewerken liegen die jugendlichen Buchkäufer unter, im *Besitz* ungefähr auf der Höhe des Durchschnitts (7 : 8), woraus man schließen muß, daß diese Art Bücher oft als Geschenk oder Erbstück in ihren Besitz kommen. Jedenfalls besitzen 52% aller Jugendlichen unter Zwanzig Nachschlagewerke, womit sie den Durchschnitt aller Altersgruppen übertreffen, der bei 45% liegt, ihre amerikanischen Altersgenossen z. B. aber noch nicht erreichen, deren 66% Nachschlagewerke in Besitz haben. Der hohe Anteil von Fach- und Schulbüchern am Buchbesitz Jugendlicher läßt auf den mehr funktionalen als demonstrativen Charakter ihrer Bibliotheken schließen. Mit dem Besitz von Klassikern liegen sie unter dem Durchschnitt; die Durchschnittszahl wird erst mit einem Alter von vierzig Jahren erreicht, zu einer Zeit also, in der die Wertschätzung des Bücherlesens schon stark im Sinken begriffen ist. Der repräsentative Einband spielt bei Jugendlichen eine geringere Rolle als gewöhnlich. Der durchschnittlich am meisten geschätzte repräsentative Halblederband gewinnt bei den späteren Altersgruppen fortschreitend an Ansehen. Dementsprechend ist der Anteil von Taschenbuchbesitzern unter den Jugendlichen besonders hoch. Der Anteil derer, die noch nie ein Taschenbuch gekauft haben, ist gering (7% hier gegenüber 23% bei Dreißig- bis Vierzigjährigen). Auf einen Bücherschrank können Jugendliche leichter verzichten als jede andere Altersgruppe. In der Mitgliedschaft bei Buchgemeinschaften besteht kein Unterschied zu anderen Altersgruppen, wenn man davon absieht, daß diese Mitgliedschaft bei den mehr als Fünfzigjährigen deutlich absinkt.

GESCHLECHT:

Obwohl die Frauen das Lesen von Büchern als Freizeitbeschäftigung etwas höher einschätzen als die Männer, bleiben sie bei der Realisierung hinter den Männern zurück. Nimmt man das Lesen als Möglichkeit der Weiterbildung, so steht es sowohl bei den Frauen als auch bei den Männern vor allen anderen Möglichkeiten an der Spitze. Die Frauen gehen in ihrem Verhalten aber mehr in der Richtung auf eine nicht ganz klar fixierte, auf einem breiten Interesse beruhende, weniger planmäßige, auch gefühlsbetontere Bildung, während ein großer Teil der lesenden Männer eine gezielte berufliche Weiterbildung durch Fachliteratur bevorzugt. Etwas mehr Frauen als Männer halten den Buchbesitz für ein Zeichen von Intelligenz und Bildung, bei geringerem Unterschied zwischen den Geschlechtern auch für ein Indiz für Reichtum. An einer Unterhaltung über Bücher innerhalb und außerhalb der Familie ist den Frauen in einem deutlichen Maß mehr gelegen als den Männern. Sie scheinen Gespräche über Literatur als Möglichkeit der Kommunikation und des »Ankommens« im Bekanntenkreis mehr als die Männer zu schätzen.

Unterhaltungsromane nehmen in der gesamten Lektüre der Frauen einen beachtlichen Raum in Anspruch. Hinsichtlich qualifizierterer Literatur, die bei beiden Geschlechtern weit hinter der Unterhaltungsliteratur kommt, ist das Leseverhalten etwa gleich. Weniger als die Männer sind die Frauen interessiert an Kriegsbüchern, Abenteuerromanen, Kriminalromanen und Lehrbüchern. Mehr als die Männer erheben die Frauen den Anspruch, daß ein gutes Buch auch äußerlich schön sein müsse; beiden Geschlechtern gilt bei leichtem Übergewicht bei den Frauen ein schöner, haltbarer Einband als notwendig zu einem schönen Buch gehörende Eigenschaft. Die allgemein verbreitete Beliebtheit von Leinen- und Halblederbänden ist bei den Frauen noch ein bißchen mehr ausgeprägt. Was die Quantität des Buchbesitzes betrifft, so zeigen sich keine signifikanten Unterschiede. Etwas häufiger als die Männer benutzen die Frauen das Buch als Geschenkartikel. Auch nehmen Frauen häufiger Bücher als Geschenk entgegen; ebenso sind sie eher als die Männer geneigt, Bücher vor allen Dingen von Bekannten zu entleihen. Dies dürfte mit der größeren Neigung zum Lesestoff als einem Gesprächsgegenstand zusammenhängen: die Chance des Sichunterhaltenkönnens über einen literarischen Gegenstand im Bekanntenkreis wächst mit dessen Bekanntheitsgrad, der durch Austausch der entsprechenden Bücher gefördert werden kann. Frauen, einkaufsgewohnter als die Männer, zeigen auch für den

Kauf in der Buchhandlung eine geringere Abneigung. Dagegen ist ihre Ablehnung des Taschenbuchs etwas stärker. Der Bücherschrank ist den Frauen als Haushaltsgegenstand etwas weniger entbehrlich als den Männern. Buchbesitz gilt den Frauen in einem beträchtlich höheren Maße als prestigesteigernd.

WOHNORT:

Die Bedeutung des Wohnorts für das Leserverhalten hängt selbstverständlich nicht allein von der Bevölkerungszahl, sondern wesentlich auch von der Bevölkerungsstruktur ab. Deshalb sind vor allem noch die später zu erörternden Faktoren Beruf und Schulbildung immer in Zusammenhang zu bringen mit dem, was hier über das nach der Wohnortgröße differenzierte Leserverhalten gesagt wird. Da aber die reine Quantität an bestimmten Grenzstellen auch strukturell wirksam wird, indem sie z. B. Möglichkeiten und Grade der Integration beeinflußt, ist die Betrachtung der Wohnortgröße in Zusammenhang mit dem Leserverhalten nicht ganz unergiebig.

Während sich das Zeitschriftenlesen durch alle Ortsgrößen hindurch einer gleich hohen Wertschätzung erfreut, das Fernsehen in Kleinstädten unter 2000 und dann wieder in mittleren Städten mit über 20000 Einwohnern besonders geschätzt wird, ist das Bücherlesen als Freizeitbeschäftigung unterdurchschnittlich angesehen in Kleinstädten bis zu 20000 Einwohnern. Die höchste Wertschätzung erfährt es in Städten zwischen 20000 und 100000 und dann wieder in Großstädten mit über 500000 Einwohnern. Tatsächlich gelesen wird ebenfalls in den Städten zwischen 20000 und 100000 und mit über 500000 Einwohnern am meisten. Die deutlichste Kluft zwischen Wertschätzung und realem Verhalten zeigt sich bei Einwohnern von Siedlungen mit weniger als 2000 Einwohner: bei durchschnittlicher Wertschätzung liegt der Anteil der wirklichen Leser (24%) beträchtlich unter dem Anteil der Leser an der Gesamtbevölkerung (36%). Die Zahl der Leser steigt mit zunehmender Ortsgröße sukzessive an und erreicht ihr Maximum bei Städten zwischen 20000 und 100000 Einwohnern. Zwischen 100 und 500000 fällt sie entsprechend der Wertschätzung beträchtlich zurück, jedoch nicht unter den Gesamtdurchschnitt. Bei mehr als 500000 Einwohnern steigt die Leserzahl wieder an bis knapp unter das Maximum. Diejenigen, die überhaupt kein Buch besitzen, stellen bei Städten unter 2000 den größten Teil der Einwohner (34%); ähnlich verhält es sich in Städten zwischen 100000 und 500000 (32%). Obwohl in Gemeinden zwischen 10000 und 20000 Einwohnern die Wertschätzung des Lesens als Freizeitbeschäftigung beträchtlich unter dem Durchschnitt liegt und das reale Leserverhalten etwa dem Durchschnitt entspricht, ist hier der Prozentsatz der Buchbesitzer mit 82% weitaus am höchsten. Nur in der kleinstädtischen Überschaubarkeit kann das Vorbild des großbürgerlichen Patriziats nachwirken, das seinerseits den Adel nachahmte, dem es weniger darauf ankam, Bücher zu lesen als Bücher zu sammeln. Auf die mehr ständische Orientierung des Buchbesitzes wird auch zurückzuführen sein, daß hier das Lexikon weit hinter der durchschnittlichen Verbreitung zurückbleibt. Zweifellos tragen die Lexika durch die in ihnen verwirklichten Prinzipien allseitiger und allgemein verständlicher Information wesentlich zur Vereinheitlichung des Informationssystems einer Gesellschaft bei und sind daher mit Recht als die demokratischste Buchart bezeichnet worden[3]. Es scheint so, als sei in Städten dieser Größenordnung der Buchbesitz ein Teil der Selbstdarstellung geblieben, zumal die Größe des Buchbestandes sich meistens in einem zur Demonstration besonders geeigneten Maß (50 bis 100 Bücher) hält. Es

---

[3] vgl. dazu H. Schelsky, Das Lexikon – ein Instrument des modernen Bewußtseins, in: Bertelsmann Briefe 47 (1966) S. 6–11.

wird sich hier zum großen Teil um jene Buchbesitzer handeln, von denen man durch Beobachtung weiß, daß sie mit dem Bücherkauf aufhören, sobald das Bücherregal oder der Bücherschrank voll ist. Der Anteil von Unterhaltungsbüchern liegt in dieser Stadtgröße nur wenig über dem Durchschnitt, der eher repräsentative als funktional bestimmbare Charakter des Buchbestandes zeigt sich auch in dem unterdurchschnittlichen Anteil von wissenschaftlichen und technischen Sachbüchern und von Nachschlagewerken. In dieser Größenordnung finden, wie außerdem in den Städten zwischen 100000 und 500000 Einwohnern, Taschenbücher die wenigsten Käufer. Auch dieser Umstand läßt darauf schließen, daß der dekorative Wert eines Buches beim Kauf nicht ganz außer acht bleibt. Es wird in einem Zusammenhang dazu stehen, daß in Städten mit 10000 bis 20000 Einwohnern sich gleichzeitig die meisten Buchbesitzer und der höchste Anteil an Buchgemeinschaftsmitgliedern befinden. Unabhängig vom Inhalt sind die Buchgemeinschaftsbände bei günstigem Preis doch äußerlich stark dem Bedürfnis derjenigen Leser angepaßt, die von einem Buch erwarten, daß es haltbar und schön ist.

SCHULBILDUNG:

Wie auch aus Untersuchungen über weiterführende Schulen und Erwachsenenbildungseinrichtungen bekannt ist, ist das Partizipieren an Weiterbildungseinrichtungen abhängig von der Dauer der Schulbildung. Da Lesen als eine Art der Weiterbildung gilt und Weiterbildung immer mit der Vorstellung von zumindest potentiellem sozialem Aufstieg verbunden zu sein scheint, wäre es verwunderlich, wenn die Ausbildungsdauer sich nicht auch auf die Partizipation am Lesen auswirken würde. Bei einer Einteilung in drei Gruppen nannten 25% der Befragten mit Volksschulausbildung, 43% der Befragten mit mittlerer Reife, 44%

der Befragten mit Abitur und Hochschule Lesen die liebste Freizeitbeschäftigung.

Überraschend und aufschlußreich ist der sich in allen Untersuchungen bestätigende Abstand, der im literarischen Konsum zwischen Volksschulbildung und jeder anderen Art von weiterführender Schule sichtbar wird, während der Unterschied zwischen den verschiedenen Arten der weiterführenden Schulen minimal bleibt. Es genügt also ein Bekanntwerden mit den in den weiterführenden Schulen bis zur Universität hin tradierten Attitüden literarischen Verhaltens, damit sie übernommen oder nachgeahmt werden. Da der extreme soziale Aufstieg, wie er sich z. B. an den Karrieren des bundesdeutschen Top-Managements darstellen läßt, zwar in fast der Hälfte der Fälle über eine lange Distanz aus der unteren Mittelschicht zur Spitze führt, aber fast immer von der Schulausbildung abhängt, d. h. zum mindesten Abitur, in der Regel aber Studium an der Universität oder Technischen Hochschule voraussetzt, kann die Anähnelung der Mittelschüler an das literarische Verhalten der Ober- und Hochschulabsolventen als ein Aufstiegsersatz verstanden werden, der den Mangel an realen Aufstiegs-Chancen kompensieren soll. Bemerkenswert ist noch in diesem Zusammenhang, daß das Geltenlassen des Lesens als Indiz für Intelligenz und Bildung sich bei Volksschülern und Abiturienten/Studenten in einem gleichen Maße hält, während Leute mit Mittelschulbildung viel mehr zur Nennung dieses Merkmals neigen. Diese Hochschätzung ist, nach der Seite der kürzeren als der eigenen Bildung hin gerichtet, aus dem Bestreben nach Distanzierung zu verstehen. Gleichzeitig scheint der Vergleich mit der längeren als der eigenen Schulbildung eine frustrierende Wirkung zu haben, die zur Überschätzung dessen neigt, was zwar angestrebt werden kann, aber kaum oder nur mühselig zu erreichen ist. Man darf also annehmen, daß gerade die Mittelschulausbildung das »cross-pressure« positiver und negativer Anreiz-Verstärker für das Leben zur Folge hat. Berücksichtigt man, daß mit zunehmendem Alter eine realistischere Einschätzung der Aufstiegs-Chancen einsetzt, so darf man die Vermutung waren, daß gerade bei Mittelschulabsolventen der Einfluß der negativen Verstärker mit zunehmendem Alter wächst. Diese Hypothese wäre aber erst verifiziert, wenn sich zeigen ließe, daß die nachweisliche Einschränkung des Lesens mit zunehmendem Alter bei Mittelschulabsolventen mehr beschleunigt ist als bei Lesern mit einer längeren Schulbildung; das vorliegende Material läßt diesen Nachweis nicht zu. Ganz deutlich jedoch ist erkennbar, wie sehr bei den Leuten mit Volksschulausbildung der Buchbesitz mit zugeschriebenen und nicht mit erworbenen Merkmalen in Verbindung gebracht wird: der Buchbesitz gilt hier in überdurchschnittlichem Maße als eine Funktion des Reichtums.

Im Buchbesitz selber unterscheidet sich wiederum die Gruppe »Volksschule« deutlich von den unter sich nur wenig unterscheidbaren anderen Ausbildungsgruppen: unter den Volksschülern gibt es einen Anteil von 35%, der überhaupt keine Bücher besitzt. Bei Mittelschule, Oberschule und Universität liegt der Teil derer, die kein Buch besitzen, bei nichtsignifikanten Unterschieden unter 5%. Selbst wenn Buchbesitz vorhanden ist, hält er sich bei Leuten mit Volksschulbildung in sehr begrenzten Maßen. 46% von ihnen haben nicht mehr als 20 Bücher. In den anderen Gruppen übersteigt der Anteil der Buchbesitzer mit diesem minimalen Buchbestand nie 13%. Umgekehrt sind Volksschulabsolventen unter den Besitzern größerer Privatbibliotheken (mehr als 251 Bücher) kaum zu finden. Unterhaltungsbücher machen bei Volksschulabsolventen einen geringeren Teil des Buchbestandes aus als bei Mittelschülern. Auch hier scheint sich zu bestätigen, daß eine kurze weiterführende Schulbildung zwar den Ehrgeiz zur Partizipation an der literarischen Kultur weckt, ohne jedoch zu dem Niveau hinführen zu können, das der allgemeinen literarischen Attitüde als anspruchsvoll gilt und zur Partizipation längeres und intensiveres Training voraussetzt.

Der Anteil von Taschenbüchern am Buchbestand von Leuten mit Volksschulbildung ist vergleichsweise gering. In der Gruppe derer, die noch nie ein Taschenbuch gekauft haben, finden sich 82% mit Volksschul-, 11% mit Mittelschul-, 6% mit Oberschul- (ohne Abitur) und 1% mit Hochschulausbildung. Der Anteil derer, die ihre Bücher in Buchhandlungen beziehen, steigt in den verschiedenen Ausbildungsgruppen in der eben angeführten Reihenfolge allmählich an. Auch der Anteil der Buchgemeinschaften unter den Einkaufsquellen steigt allmählich, fällt jedoch bei der letzten Gruppe (Hochschule usw.) rapide ab. Unter den Leuten mit Volksschulbildung findet sich der kleinste Prozentsatz, unter denen mit Mittelschulausbildung der größte Prozentsatz Buchgemeinschaftsmitglieder. Buchbesitz wird bei Mittelschulausbildung am häufigsten als prestigesteigernd, fehlender Buchbestand in der gleichen Ausbildungsgruppe als prestigemindernd angesehen.

BERUF:

12% der Bevölkerung nennen als Freizeitbeschäftigung Bücherlesen. Berücksichtigt man den Anteil der verschiedenen Berufsgruppen, so sind die eifrigsten Leser die Beamten, gefolgt von den Angestellten. Facharbeiter halten sich über, andere Arbeiter in der Nähe des durchschnittlichen Verhaltens. Lediglich bei den selbständigen Landwirten fällt die Freizeitbeschäftigung Lesen, zumal an Werktagen, auf ein kaum noch quantifizierbares Maß zurück. Der Pro-Kopf-Besitz an Büchern ist am höchsten bei den Beamten, unterscheidet sich aber nicht wesentlich von dem der Selbständigen und freiberuflich Tätigen. In der ersten Hälfte des neunzehnten Jahrhunderts waren Angehörige dieser Berufsgruppen noch kaum unter den Bücherlesern zu finden. Sie werden das große Reservoir der oft, übrigens auch schon von Goethe bekrittelten Journal-Leser gebildet haben. Theodor Fontane geht wahrscheinlich gerechter mit ihnen um, wenn er in seinen Kindheitserinnerungen berichtet, daß »die meisten damals in kleinen Nestern sich vorfindenden Ärzte, Stadtrichter, Bürgermeister und Sindici«, zum Lesen wenig Zeit fanden. Heute liegt diese Berufsgruppe, zusammen mit den Beamten, an der Spitze der Bücher-Besitzer, in einigem Abstand gefolgt von den Angestellten. Unterdurchschnittlich ist jedoch der Buchbesitz bei Rentnern, selbständigen Landwirten, Facharbeitern und sonstigen Arbeitern. Mit ungefähr 47% geben Beamte, Selbständige und Angestellte in einem etwa gleichen Maße an, Bücher als Geschenk verwendet zu haben. Es folgen die Rentner mit 25%, die Arbeiter mit 20% und schließlich die Landwirte mit 13%. Die Beamten suchen sich am häufigsten die gekauften Bücher selbst in der Buchhandlung aus. Von dieser Möglichkeit machen die Arbeiter und Landwirte einen gleich geringen Gebrauch. Selbständigen und Angestellten gilt Buchbesitz in hervorstechender Weise als Zeichen für Intelligenz und Bildung. Alle anderen Berufsgruppen liegen in diesem Punkt beträchtlich dahinter auf gleichem Niveau. Bücher mit festem Einband werden am meisten von den Beamten und von den ihnen in kurzem Abstand folgenden Angestellten geschätzt. Auch hinsichtlich des Buchbesitzes scheint sich die aus anderem Zusammenhang bekannte Tatsache zu bestätigen, daß die Angestellten bestrebt sind, sich in ihren Attitüden den Beamten anzugleichen. Beide Gruppen sind sich auch im Grade der Bereitschaft, auf den Bücherschrank als notwendiges Requisit zu verzichten, nahezu gleich.

Sieht man einmal von den Rentnern ab, so befindet sich unter den Arbeitern der größte Anteil derer, die keine Bücher besitzen. Unter denjenigen Arbeitern, die innerhalb ihrer Berufsgruppe eine aktive Minderheit bilden und als Besitzer von Büchern in Erscheinung treten, ist der prozentuale Anteil an Taschenbuchbesitzern auffällig gering. Es scheint so, als ob diese Minderheit, die in einer Art von

Klassenflucht die bürgerlichen Bildungsattitüden anzunehmen bereit ist, sich auch in äußerlicher Demonstration von dem unliterarischen Ausgangsmilieu distanziert, sich jedoch mit weniger Selbstverständlichkeit und deshalb mit Betonung an das angestrebte Bildungsmilieu anpaßt.

Eine Unterhaltung über Bücher findet bei Beamten und Angestellten, bei leichtem prozentualem Vorteil der Beamten, etwa gleich häufig statt. Es folgen die Selbständigen, die Rentner, die Arbeiter und in weitem Abstand die Landwirte. Die gleiche Reihenfolge ergibt sich für die Häufigkeit des Lesens selber. Nach Lesestoffen unterteilt liegen bei den Unterhaltungsromanen die Angestellten, bei qualifizierter Literatur und Dichtung die Beamten an der Spitze. Die Verweigerung von Angaben zu diesem Punkt ist bei Landwirten so extrem hoch, daß angenommen werden muß, daß eine etwas detailliertere Lesestoffaufteilung die Grenze der literarischen Informiertheit bei Landwirten bereits übersteigt. Kennen sie auch heute noch nur Adam und Eva? Wenn das Niveau literarischer Bildung sich im allgemeinen auch angehoben haben mag, in der Stratifikation der Leserschaft bildet die Agrarbevölkerung auch heute noch die unterste Schicht. Ein sozialer Aufstieg ist dem Stand als Ganzem, sofern er sich über die Partizipation an literarischer Bildung vollzieht, nicht gelungen. Dieser Wunsch aber scheint, wenn man Goethe glauben darf, schon seit langer Zeit zu bestehen. Nach den Erkenntnissen der Sozialpsychologie führen lange vergeblich gehegte Wünsche zu Frustationserscheinungen, die schließlich entweder Resignation oder Aggression zur Folge haben. Die eingetretene Resignation läßt sich heute ablesen an der Unterrepräsentanz der Landbevölkerung an den Universitäten. Man müßte es, gesamtgesellschaftlich gesehen, einen glücklichen Zufall nennen, wenn die gestaute Aggression damit zufrieden wäre, sich, wie in »Hermann und Dorothea«, als private Schimpfkanonade der Väter auf die Söhne zu entladen.

Das Publikum im literarischen Leben des 19. Jahrhunderts
VON WOLFGANG R. LANGENBUCHER, MÜNCHEN

I. VORAUSSETZUNGEN

In den »Memorabilien« von Karl Immermann (1796–1840) findet sich eine Abhandlung über »Die Familie«. Er versucht dort, »den Mitteldurchschnitt der deutschen Häuslichkeit« vor und um 1800 zu schildern. Er tut es mit der Überzeugung, »daß die Familie nur in Deutschland zur höchsten Gestalt sich durchbildete ... und noch zur Zeit ist sie wenigstens das einzige, was einer abgerundeten Bildung am nächsten blieb«. In diese Privatsphäre nun dringen nach Immermanns Beobachtungen neue, beunruhigende Erscheinungen: die Journale und das Vereinswesen[1].

Die *Journale* erreichen jeden und zwingen jeden, aus ihrem Inhalt einen »Teil seiner Respiration zu nehmen«. »Dieses Element, eine neue Art von Gas, würde sich ungefähr so beschreiben lassen: Auf Treue und Glauben annehmen das, was eigentlich erlebt und erschaut werden muß; Studien, die man selbst nicht zu machen imstande ist, durch andere für sich anstellen lassen. Die Journale befriedigen das »Bedürfnis universeller Scheinbildung« und bringen »immer nur Surrogate der Wahrheit, des Erkennens, Erfahrens«[2]. Die *Vereine* haben eine ähnliche Funktion; auch sie tragen dazu bei, »die Menschen über die Grenzen ihrer Privatinteressen hinüberzu-

---

[1] Karl Immermann, Memorabilien, 1840–44, zitiert nach einer Neuausgabe, München 1966 (Reihe »Die Fundgrube«, Bd. 26), S. 56.
[2] Ebd. S. 69.

führen«. Das Beunruhigende an den Vereinen ist, daß »immer nur wenige darin die Arbeitenden ... sind, und daß an die übrigen nur gewisse allgemeine Resultate gebracht werden, welche sie hinnehmen, ohne bei ihrer Erzeugung tätig gewesen zu sein. Sie sind daher lediglich Konsumenten der Gesellschaft«. »Es ist gewiß: Was einer sich nicht erarbeitet, das besitzt er auch nicht.« So wie die Journale ein Surrogat des »Wissens und der Wahrheit« geben, so bietet die »Tätigkeit der Vereine vielen Menschen ein Surrogat des eigentlichen Handelns« dar [3].

Aus kritischer Sicht und einer Soziologie verhaftet, die von der strengen Ortsgebundenheit des Menschen ausgeht (deshalb sieht Immermann auch ganz richtig, daß das »Reisen noch tiefer in den Zustand der jetzigen Menschen« eingreift, als die Journale [4]), beschreibt Immermann höchst anschaulich, wie sich die *Publikumsrolle* des Menschen entwickelt, wie er lernt, Teil des Publikums, Konsument zu werden und Primärerfahrungen durch Sekundärerfahrungen zu ersetzen und zu ergänzen.

Für Immermann ist diese »hoffnungslose Auszehrung des Familienlebens« ein vorübergehender Zustand, die »Heilung« nicht fern.[5] In der Tat aber beschrieb er einen epochalen Wandel, der nur noch eine Richtung hatte und sich nicht mehr rückgängig machen ließ.

Wilhelm Roessler hat diesen Wandel in einer historisch-pädagogischen Studie als die »Entstehung des modernen Erziehungswesens in Deutschland« sehr ausführlich nachgezeichnet. Jetzt erst, im 18. Jahrhundert, wird die Erziehung

---

[3] Ebd. S. 73.
[4] Ebd. S. 70.
[5] Ebd. S. 81.

zur Sprache in allen Schularten in den Mittelpunkt gestellt und damit das »hand- und sinnenhafte Verhältnis zur Welt« gelöst und ein »Verhältnis zur geistigen Welt« angebahnt.[6] »Die Dinge sprechen nicht mehr unmittelbar, sondern durch die Sprache, werden durch die Sprache vergeistigt.«[7]

Diese grundlegenden Änderungen in der Einstellung des Menschen zur Welt[8] waren die Voraussetzungen für die Entstehung eines breiten literarischen Publikums. Dafür ist es eben nicht hinreichend, daß die Menschen fähig sind, Buchstaben zu entziffern und zu Worten zusammenzusetzen. »Lesefähigkeit« im Zusammenhang mit der Literatur heißt, »literaturfähig« zu sein, also eine »Vertrautheit mit dem Kulturmuster« Literatur zu besitzen oder lernen zu können; eine Vertrautheit, die nichts weniger als selbstverständlich ist.[9] Mit der Ausbreitung der Schulbildung im 19. Jahrhundert stieg die Zahl derer ständig, die diese Vertrautheit erlernten oder denen zumindest die elementaren Voraussetzungen dazu anerzogen wurden.

Herbert Schöffler hat in mehreren Studien nachgewiesen, welch entscheidende Rolle dabei die Religion spielte. Nur wenn man diesen Gesichtspunkt miteinbezieht, ist »ein tieferes Verständnis für das Werden eines literarischen Publikums« möglich: »Ehe ein breiteres Publikum da war, das zur Beschäftigung mit weltlich-schöngeistiger Literatur hinneigte, bestand schon ein breites Lesepublikum für erbau-

---

[6] Wilhelm Roessler, Die Entstehung des modernen Erziehungswesens in Deutschland, Stuttgart 1961, S. 306/307.

[7] Ebd. S. 180.

[8] Vgl. ebd. S. 340.

[9] Hans Norbert Fügen, Die Hauptrichtungen der Literatursoziologie und ihre Methoden, Bonn 1964, S. 170; vgl. zu diesen grundsätzlichen Fragen: Otto Groth, Die unerkannte Kulturmacht, Bd. V, Berlin 1963 (Das Publikum, S. 152–229).

liche Bücher. Die Kirchen der Reformations- und Nachreformationszeit haben bewußt ein Publikum für Erbauungsliteratur geschaffen.« Daraus ergibt sich, daß wir bei der Entstehung des literarischen Publikums zu fragen haben: »Wie hat sich aus dem Publikum, das zu weit überwiegendem Teile an der kirchlichen Erbauungsliteratur Genüge fand, allmählich ein Lesepublikum mit vorwiegend weltlich-literarischen Interessen entwickelt?«[10]

Die Geschichte des Publikums hat damit Teil am allgemeinen Säkularisationsprozeß der modernen Gesellschaft. Wie dieser die Gesellschaft nur langsam durchdrang, so verbreitet sich auch die Teilnahme an der Literatur um 1800 nicht plötzlich und allgemein. Nie war ihr Publikum, auch bei allgemeiner elementarer Lesefähigkeit, mit der gesamten Gesellschaft identisch. Die Literaturkonsumenten der verschiedenen Zweige der Buchproduktion (vom Fachbuch bis zum Roman) sind nur ein kleiner, wenn auch im 19. Jahrhundert stetig wachsender Teil der Lesefähigen. Aufgabe einer Geschichte des Publikums muß es sein, diesen Teil jeweils so genau wie möglich zu bestimmen.

II. Einflüsse

Die einleitenden Überlegungen konnten vielleicht deutlich machen, wie direkt die Entstehung und Verbreiterung eines literarischen Publikums mit anderen Faktoren der geschichtlichen Entwicklung einer Gesellschaft zusammenhängen. Ein Blick auf diese wechselnden Einflüsse wird sich ständig als nötig erweisen. Viele Fragen können beispielsweise nur durch Daten aus der *Bildungsgeschichte* geklärt werden.

---

[10] Herbert Schöffler, Das literarische Zürich 1700–1750, Leipzig 1925, S. 106.

Für das 19. Jahrhundert ist hier vor allem eine Konsolidierung des Volksschulunterrichtes festzuhalten, so daß Analphabetismus, wenigstens in seiner krassesten Form, gegen 1900 zur Ausnahme wird. Aber das ist nur der sehr allgemeine bildungsgeschichtliche Hintergrund, auf dem sich noch keine Konturen eines »literarischen Publikums« abzeichnen. Bis heute spielt bei einem hohen Prozentsatz der Volksschulabsolventen (das sind immerhin ca. 80% der Gesellschaft!) das Buch eine sehr viel geringere Rolle als bei Menschen mit einer besseren Schulbildung, also Mittelschul- oder Gymnasialabschluß. Es wird vermutlich genügen, nach der höheren Schulbildung zu fragen, um aus der Fülle der Lesefähigen die eigentlich Literaturfähigen auszugliedern. Noch höher wird die Wahrscheinlichkeit, daß wir es mit einer Schicht zu tun haben, die mit dem tatsächlichen Publikum weitgehend identisch ist, bei den akademisch vorgebildeten Menschen (heute sind das ca. 2%). Auch ihre Zahl stieg im 19. Jahrhundert teils stetig, teils rapide: Bis 1866/67 studierten an den deutschen Hochschulen höchstens 15000 Personen jährlich, d. h. auf 100000 Menschen kamen etwa 30 Studenten. Dies änderte sich zum erstenmal deutlich 1871/72 (über 16000) und immer nachhaltiger dann nach 1880; verglichen mit dem Beginn des Jahrhunderts verdoppelte sich die Zahl der Studenten. 1899 kamen 60 Studierende auf 100000 Menschen der deutschen Bevölkerung. Wichtig ist außerdem, die Veränderung innerhalb der Fakultäten zu beachten. Die stärkste relative und absolute Zunahme gab es in der Philosophischen Fakultät (1831 – 2400/ 1888 – 8255), während beispielsweise die Zahl der Theologen fast gleichblieb.[11]

[11] Vgl. dazu Werner Sombart, Die deutsche Volkswirtschaft im 19. Jahrhundert, Berlin 1921, S. 410/411; Die Neue Zeit, VII. Jg./1889, S. 383.

Auch die Ausbreitung der Geisteswissenschaften wirkte sich sicherlich auf die Zusammensetzung des Publikums aus. Man bedenke: jetzt erst, nach 1871, wird das Literaturstudium als akademisches Fach eingeführt! Damit potenziert sich die Gruppe derer, die berufsmäßig mit der Literatur umgehen.[12] In Preußen betonen 1882 neue Lehrpläne die Bedeutung der Literatur für den Schulunterricht. 1890 fordert Wilhelm II. die Pädagogen dazu auf, den Deutschunterricht in den Mittelpunkt der Erziehung zu stellen.

Ein anderer Faktor, der zu den Voraussetzungen der Publikumsrolle gehört, läßt sich als »*Verstädterung*« umschreiben. Um 1800 lebte nur ein Viertel der Bevölkerung in Städten, drei Viertel auf dem Lande, in Dörfern. Zwei Drittel der Bevölkerung waren in der Landwirtschaft tätig. »Diese überragende Bedeutung des landwirtschaftlichen Berufs blieb unverändert bis in die Mitte des Jahrhunderts; erst seitdem wächst der Anteil rasch, den die gewerbliche und handeltreibende Bevölkerung an der Gesamtbevölkerung nimmt.«[13] Nun beginnt das rapide Wachstum der Städte, vor allem der Groß- und Mittelstädte, weniger der Kleinstädte. Im Deutschen Reich lebten 1871 etwas mehr als ein Drittel der Bevölkerung in den Städten, allerdings nur 5% in Großstädten mit über 100 000 Einwohnern. Dreißig Jahre später, um die Jahrhundertwende, zählen über die Hälfte der Menschen zu den Städtern, und zahlreiche Städte haben die Hunderttausendergrenze überschritten, so daß über ein Fünftel der Bevölkerung Großstädter sind.

Bekanntlich vollzieht sich gleichzeitig damit im 19. Jahrhundert ein Bevölkerungswachstum, wie es kein vorhergehendes Jahrhundert kennt. Bis heute befindet sich unter

---

[12] Vgl. Wolfgang Leppmann, Goethe und die Deutschen. Vom Nachruhm eines Dichters, Stuttgart 1962, S. 103.
[13] Werner Sombart, S. 35.

den auf dem Lande lebenden und/oder in der Landwirtschaft tätigen Menschen die größte Zahl der Nichtleser und Nichtbuchbesitzer.[14]

Die Großstadt mit ihren Konzertsälen und Parkanlagen, öffentlichen Verkehrsmitteln und Tageszeitungen, ihren großen Plätzen und Sportveranstaltungen, Ausstellungen und Bibliotheken wird und ist jener gesellschaftliche Kommunikationsraum, innerhalb dessen sich große Massen von Menschen in immer neuen Ordnungen zum »Publikum« formieren. Einige weitere Faktoren, die die Verbreiterung des Publikums für Literatur begünstigen, seien nur erwähnt: die Entwicklung des *Durchschnittseinkommens*, die *Verbilligung* des Buches und neue Möglichkeiten der Massenproduktion infolge technischer Errungenschaften; die Vermehrung der Zahl der *Buchhandlungen*, *Leihbibliotheken*, *Reisebuchhändler*, der Eingang der Literatur in neue Medien, wie die *Zeitung* oder *Massenzeitschrift*. Eine eingehende Studie müßte diese Zusammenhänge ausführlich darstellen, den wechselseitigen Einfluß erforschen und genauer differenzieren, in welcher Epoche welche Ursache welche Wirkungen hatte.

III. ASPEKTE

Die Zahl der Lesenden steigt im 19. Jahrhundert stetig an. Dieser Prozeß zerstörte die überkommene Struktur des Pulikums und dessen Verhältnis zur Literatur. Auch hier war dieses Jahrhundert – wie der Historiker Hans Rosenberg einmal sagte – ein »sozialer Hexenkessel«.[15] Leo Löwenthal schildert, wie sich der gleiche Prozeß in England schon im 18. Jahrhundert vollzieht: vorher hatten die Autoren für ein fachlich

---

[14] DIVO, Buch und Leser in Deutschland, Gütersloh 1965.

[15] In: Hans Ulrich Wehler (Hrsg.), Moderne deutsche Sozialgeschichte, Köln 1966, S. 225 ff.

kompetentes Publikum geschrieben, eine ihnen genau bekannte, geschlossene Schicht von Adligen und Gelehrten. Wer sich aus anderen Kreisen (etwa der wohlhabenden bürgerlichen Oberschicht) für die Literatur interessierte, paßte sich bereitwillig dem herrschenden ästhetischen Geschmack an. Obwohl so ein neues, zahlenmäßig größeres Publikum entstand, änderte sich für den Schriftsteller nichts. Aber bis zur Mitte des 18. Jahrhunderts entstand nun eine bürgerliche Schicht, »die nicht mehr nur aus Geschäftsleuten und Grundbesitzern, sondern aus Ladenbesitzern, Angestellten, Handlungsgehilfen und Bauern bestand« und die in »steigendem Maße wohlhabend, gebildet und ehrgeizig« wurde. »Ihre literarischen Interessen waren nicht notwendig mit denen der oberen Klassen identisch, ihre Bildungsvoraussetzungen auf jeden Fall primitiver, ihre Bildungsansprüche zur gleichen Zeit deutlich spürbar.«[16] Wollte der Schriftsteller auch diese Menschen erreichen, so mußte er sich ihren Bedürfnissen anpassen.

In Deutschland stellten sich diese neuen Verhältnisse später und langsamer ein, obgleich beispielsweise der Erfolg von Goethes »Die Leiden des jungen Werther« (1774) nur verständlich wird, wenn man annimmt, daß dieser Roman von einem anonymen Massenpublikum rezipiert wurde, das weit über die traditionellen Kreise der Literaturliebhaber hinausging. Aber mit seinem ganzen späteren Werk erreichte Goethe nur eine kleine Schicht. Die Weimarer Klassik ist – von der Geschichte des Publikums her gesehen – überhaupt ein retardierendes Moment der Entwicklung, ein – so Robert Minder – »sehr einmaliger Bund zwischen Adel und Bürgertum«.[17] Dieser Bund ließ auch ein literarisches Publikum entstehen.

[16] Leo Löwenthal, Literatur und Gesellschaft. Das Buch in der Massenkultur, Neuwied/Berlin 1964, S. 178.
[17] Robert Minder, Kultur und Literatur in Deutschland und Frankreich, Frankfurt/M. 1962, S. 16.

»Aber dieses Publicum war« – nach den Worten eines anonymen zeitgenössischen Beobachters – »von vorneherein ein exclusives ästhetisches, aus den Elementen der höheren bürgerlichen Intelligenz und aus den zahlreichen Adligen zusammengesetzt, welche wenigstens nach dieser Seite hin ihrer standesgemäßen Ausschließlichkeit entsagt hatten. Diese Verschmelzung oder Annäherung zwischen der bürgerlichen und adligen ästhetischen Bildung war hauptsächlich ... ein Werk unserer Classiker, vornehmlich aber Goethe's, welcher als der eigentliche Begründer dieser modernen Geistesaristokratie ... mit Recht gelten darf.«[18] Als in sich geschlossenes literarisches Publikum tritt uns dieser Kreis in den Salons der Zeit um 1800 gegenüber. Hier trifft sich, was den sozialen Untergrund der deutschen Klassik und der beginnenden Romantik ausmacht: emanzipiertes Judentum, gebildete Bürger und geistig interessierte Adlige. Rahel Varnhagen konnte noch 1829 an Friedrich von Gentz schreiben: »Mir ist klar geworden, daß ein Aufenthalt in Berlin Ihnen von unendlichem Nutzen werden könnte: eine reiche, doch neue Literatur auf die leichteste gesellige Weise mitgeteilt ... Ein einziges Haus darin: Sie wären mitten in Deutschland.«[19]

Der ständige Briefwechsel war eine Fortsetzung dieser Salongeselligkeit weit über Berlin hinaus. Dies war gerade für die Wirkung Goethes entscheidend, denn die Varnhagen war eine leidenschaftliche Verehrerin des Dichters und warb unermüdlich für ihn (mit Erfolg zum Beispiel bei Heinrich Heine, der 1823 nach seiner Abreise aus Berlin von diesen Gesprächen angeregt, in kurzer Zeit das bis dahin erschienene Werk Goethes las).

[18] Der lyrische und der dramatische Dichter und ihr Publikum. In: Allgemeine Zeitung, 8.–10. Febr. 1845, neu gedruckt in: Jahrbuch der Grillparzer-Gesellschaft, NF, Bd. 3, Wien 1943.
[19] Zit. nach Ursula Langenbucher, Der Salon als Zeitungsraum, Münchner M.A.-Arbeit (maschinenschriftlich), 1965, S. 31.

Diese publikumbildende literarische Salongeselligkeit datiert seit etwa 1770; aber schon zur Zeit des Wiener Kongresses, als selbst Berliner Salondamen wie Rahel Varnhagen sich dort aufhielten, bekamen politische Themen die Oberhand. Aus den Salons wurden Kongreßzeitungen. Die Bedeutung der Literatur für das Salongespräch läßt mehr und mehr nach, bis sich um die Mitte des Jahrhunderts die alten Salons ohnehin auflösen. Das ästhetische Publikum der Klassiker, soweit es dieses – wie etwa in den Salons – als geschlossene, einheitliche Gruppe überhaupt gab, »hat sich in lauter kleine Theilchen zersplittert«. Das stellte der oben schon zitierte Beobachter 1847 voll Bedauern und Resignation fest. Damit gab es endgültig kein »eigentliches« Literaturpublikum mehr, d.h. keine genau bestimmbare Gruppe von Menschen, deren literarische Bedürfnisse und Erwartungen fraglos mit den Absichten und Zielen der Schriftsteller übereinstimmten. Nach 1848 verliert die Literatur auch und gerade für das wohlhabende, gebildete Bürgertum immer mehr an Bedeutung. »Publikum« ist nun um die Mitte des Jahrhunderts nirgends mehr eine einheitliche, identifizierbare Schicht, sondern die anonyme Masse der Bücherkäufer, die sich zu ständig wechselnden Publika sammeln durch Kauf und Lektüre. Dieses Massenpublikum wirkt im Vergleich zum früheren desintegriert; jede Art von Einheitlichkeit scheint ihm verlorengegangen.[20]

Das Entstehen dieses modernen Massenpublikums vollzog sich langsam, mit nationalen Unterschieden und zeitlichen Verschiebungen. Dafür waren schon die Ausgangspunkte zu verschieden (etwa in England oder Deutschland, in einer ländlichen Gesellschaft oder einer freien Reichsstadt). Es gab viele verschiedenartige Übergangsphasen zwischen alten und

---

[20] Vgl. Levin L. Schücking, Soziologie der literarischen Geschmacksbildung, 1961, S. 44.

neuen Zuständen, zwischen verharrender Struktur und dynamischer Verschmelzung der spezifischen Publika. Aber als die für das 19. und – wie man betonen muß – 20. Jahrhundert typischen Strukturen sich vollends herauskristallisiert hatten, da zeigte sich – zumindest in Deutschland –, daß die neu am literarischen Leben teilnehmenden Publikumskreise nicht einfach zum alten Kern des Publikums ergänzend hinzugetreten waren, sich sozusagen in konzentrischen Kreisen um dieses als Mittelpunkt herumgeschart hatten, sondern daß dieses frühere elitäre, aus der Oberschicht rekrutierte literarische Publikum zerfallen war, sich im »sozialen Hexenkessel« aufgelöst hatte.

An keinem Phänomen lassen sich die neuen Tatsachen einer nun entstehenden Massenkultur deutlicher demonstrieren, als an der Geschichte der Presse und da besonders an dem Typ der nach 1800 sich ausbreitenden »Familienzeitschriften«. Diese Blätter wurden mit bezeichnenden Titeln zwischen 1810 und 1870 zu Dutzenden gegründet: zur »Unterhaltung« und »Belehrung häuslicher Kreise«, »für geistige Erholung und Anregung«, für »Mußestunden« und »nach der Arbeit«, für »Feierstunden im häuslichen Kreis«.[21] Die »Gartenlaube« wurde zwar zur erfolgreichsten dieser Familienzeitschriften, ihre höchste Auflage um 1870 betrug über 400 000 Exemplare, aber man sollte die ganze Breite dieser Gattung bedenken, um den epochentypischen Charakter einsichtig zu machen. Ein Pressephänomen von solchem Massencharakter gab es vorher nicht. Und da Dichtung und Unterhaltungsliteratur (Vers, Novelle, Roman, Reisebeschreibung und ähnliches) zu einem guten Teil den Inhalt dieser Zeitschriften ausmacht, darf man auch behaupten, daß es vorher nie ein größeres literarisches Publikum in Deutschland gab.

[21] Vgl. Eva A. Kirschstein, Die Familienzeitschrift. Ihre Entwicklung und Bedeutung für die deutsche Presse. 1936, S. 148 ff.

Welche Schichten der Gesellschaft machten dieses Publikum aus?

Darauf gibt es durchaus keine klaren Antworten. Genauere sozialgeschichtliche Daten enthüllen aber die üblichen einfachen Antworten als Pauschalurteile, die aus Mangel an differenzierter Erkenntnis, aus Verlegenheit und pseudosoziologischer Denkweise gefällt werden. Meist spielen dabei elitäre Vorurteile und Bildungsideologien eine unheilvolle, den Blick auf die höchst komplexe Wirklichkeit verstellende Rolle. Typisch dafür ist die seit Jahrzehnten übliche Einschätzung der »Gartenlaube«, deren Titel inzwischen geradezu ein Synonym für Trivialität und Kitsch, für Spießbürgerlichkeit ist, ohne daß gefragt wurde, über welche Teile der Gesellschaft man damit Aussagen machte.

Es gab im 19. Jahrhundert keine empirisch-statistische Leserforschung wie heute, die uns präzise Daten über die sich wandelnde Zusammensetzung des Gartenlauben-Publikums gibt. Aber alle direkten Aussagen darüber aus der Zeit und alle sinnvollen indirekten Schlüsse legen nahe, den sozialen Standard der Struktur dieses Publikums eher in der Gesellschaftspyramide von der Mitte nach oben reichend, als nach unten tendierend zu lokalisieren. Die Redaktion selbst sah sich veranlaßt, dies gerade bei der Wirkung des Romans »Das Geheimniß der alten Mamsell« von Marlitt zu betonen: »Das Interessante an dieser Wirkung ist, daß sich dieselbe nicht etwa einseitig auf die eine oder andere Klasse des Volkes beschränkte..., sondern daß unzweideutige Äußerungen wärmster Teilnahme und innigsten Verständnisses in wirklich imposanter Masse aus den allerverschiedensten Schichten der Nation, den höchsten wie den bescheidensten Kreisen der Gesellschaft laut geworden sind.«[22]

---

[22] Gartenlaube, 1868, S. 208.

Der gleiche Sachverhalt wird zwanzig Jahre später nochmals betont, als die Redaktion nach dem Tode ihrer erfolgreichsten Autorin in einem Nachruf Wirkung und Echo ihrer Werke erwähnt: ihre zahlreichen Romane fanden sich auf den »Salontischen der gebildeten Frauen«, aber sie waren »doch schlicht genug..., um auch von dem einfachsten Manne verstanden zu werden«. Man hebt ausdrücklich hervor, daß Trauer über den Tod Marlitts »nicht nur in den höheren Kreisen« herrschte, »sondern auch beim Volk«. Viele Briefe erreichten die Familie und die Redaktion: sie kamen aus »einfachen Bürgerhäusern« ebenso wie von »schlichten Arbeiterhänden«.[23] Solche redaktionellen Charakterisierungen des Publikums dienen natürlich auch der Eigenwerbung. Aber für ihre Richtigkeit spricht, daß sich für diese Einschätzung der Marlitt genug Zeugnisse außerhalb der »Gartenlaube« finden lassen. Einer ihrer bekanntesten Verehrer etwa war der selbst schriftstellerisch tätige Hermann Fürst Pückler-Muskau, der sie in seinem ersten Brief als »liebenswürdigste Schriftstellerin« anspricht, sie später »ausgezeichnet« nennt und bekennt, von ihrem Werk »gerührt und entzückt« zu sein. Dies sind nur ein paar knappe Hinweise zur Struktur des neuen Massenpublikums.[24] Sie müssen bei der derzeitigen Forschungslage unvollständig bleiben. Da es auch in Zukunft unwahrscheinlich ist, daß wir einigermaßen präzises statistisches Material finden werden, bietet sich als »Ersatz« eine indirekte Methode an. Durch eine sorgfältige Inhaltsanalyse und kommunikationstheoretisch begründete Rückschlüsse auf den potentiellen Leser könnte sich unsere Vor-

---

[23] Ebd. 1887, S. 472 ff.
[24] Heinrich Conrad (Hrsg.), Frauenbriefe von und an Hermann Fürsten Pückler-Muskau, München/Leipzig 1912, S. 307-370; eine Beziehneranalyse für die »Gartenlaube« 1935-1937 teilt Joachim Kirchner mit (In: Publizistik, Bremen, 1960, 5. Jg., S. 469).

stellung klarer konturieren. Dieses Verfahren liegt gerade beim Roman nahe: Wenn die Hypothese stimmt, daß der Leser von Unterhaltungsliteratur entweder von sich selbst oder von seinen Wünschen erfahren will, also seine Welt oder seine Wunschwelt dargestellt lesen will, so läßt sich aus dem Personal der Romane auf die Zusammensetzung des Publikums schließen. Es kann mit diesem identisch sein, wird in der Regel aber ein etwas höheres gesellschaftliches Niveau repräsentieren, da der soziale Aufstieg in jeder hierarchisch geschichteten Gesellschaft ein sehr virulentes Wunschziel ausmacht. Wahrscheinlich müßte man nach genauer Prüfung allen Materials vor allem einen Akzent setzen: die Familienzeitschriften und die dort gedruckten Romane und Novellen wurden überwiegend von Frauen gelesen. Die *Leserin* macht den Hauptteil des Publikums aus.[25]

Die Familienzeitschriften liefern hier nur ein Indiz für eine allgemeinere Entwicklung. Die eigentlich neue, seit dem 18. Jahrhundert und mit der Entstehung des bürgerlichen Unterhaltungsromans sich entwickelnde Leserschicht rekrutiert sich aus dem weiblichen Geschlecht. Gewiß war die Frau schon seit dem Mittelalter Leserin; gerade in den vornehmen Schichten besaß sie oft eine bessere Ausbildung als der Mann, aber zu einer Massenerscheinung wurde das »lesende Frauenzimmer« erst mit einem bunt sich entwickelnden Zeitschriftenwesen während der Aufklärung (Moralische Wochenschriften) und dem endgültigen Wandel der Familienstruktur im 19. Jahrhundert. An der Entstehung des psychologischen Familienromans in England und seiner Verbreitung auch in Deutschland läßt sich das deutlich demonstrieren. Sozialgeschichtlicher Hintergrund ist der Wandel von der Großfamilie zur Kleinfamilie. Wo viele Menschen aller Ver-

---

[25] Kirschstein (vgl. Anm. 21), S. 101/102.

wandtschaftsgrade zusammenleben, sorgen die familialen Ereignisse für Gesprächsstoff, für Unterhaltung und für belehrenden Erfahrungsaustausch; diese Struktur hat sich auf dem Lande noch sehr lange gehalten. Wo aber am Ende nur noch die Eltern mit ihren Kindern zusammenleben (»Kernfamilie«) und Wohnstätte und Arbeitsstätte außerdem in der Regel getrennt sind, da muß künstlicher Gesprächsstoff »beschafft« werden, da muß für Unterhaltung systematisch gesorgt werden, da bedarf es der Vermittlung von Erfahrungen durch Bücher, Zeitungen und Zeitschriften. Die Kommunikation wird nicht mehr wie bei der Großfamilie von innen heraus produziert, sondern von außen her rezipiert. Oft tut man dies gemeinsam: die häusliche Familienlektüre gilt das ganze 19. Jahrhundert hindurch als bürgerliches Bildungsideal. So empfiehlt ein »Lexikon der feinen Sitten« 1897 unter dem Stichwort »Lektüre«: »Das Lesen bildet einen unerschöpflichen Quell von Unterhaltung und Bildung ... Für das Familienleben empfiehlt es sich, abendliche Lesestunden festzusetzen und über das Gelesene mit Ernst zu diskutieren. Das ist ungemein anregend, erweitert den geistigen Horizont immer mehr und erstickt die Sucht nach dem Wirtshausbesuch und den Hang zu allerlei Allotria.«[26]

IV. Massenpublikum und literarische Produktion

Die Verbreiterung der Publikumsbasis und die Zerstörung der alten Strukturen veränderte auch die literarischen Zustände (und wurde umgekehrt natürlich von diesen mitbedingt: es gibt hier nie einfache Ursache-Wirkungsverhältnisse, sondern immer wechselseitige Korrelationen). Über das Schicksal eines Werkes und eines Schriftstellers entschei-

---

[26] Kurt Adelfels, Das Lexikon der feinen Sitte, Stuttgart 1888 (zitiert nach der 10. Auflage o. J.), S. 196/197.

den nun Erfolg oder Nichterfolg, d.h. seine Notierung an der Börse des literarischen Marktes. Was früher die Bedürfnisse des Mäzens waren, das sind jetzt die Wünsche des Publikums. Ihnen gilt es gerecht zu werden, um Literatur, d. h. Bücher, überhaupt zu verkaufen. Das führt zu einer *Kommerzialisierung* der Literatur. Es wurde allerdings immer wieder bezweifelt, daß dies notwendig mit der Verbreiterung des Publikums verbunden sei. So hebt Jürgen Habermas nachdrücklich hervor, daß auch am Ende des 18. Jahrhunderts noch das Publikum sich aus den gebildeten Ständen in andere Schichten dadurch ausgedehnt hat, daß man die Ungebildeteren zu »einer in ihrer Substanz unversehrten Kultur heranzubilden« versuchte, und nicht umgekehrt sich an die Bedürfnisse einer »Verbrauchergruppe mit relativ niedrigem Bildungsstandard« anpaßte.[27] Als schönes Beispiel für die Förderung dieses Vorganges darf wohl Wieland erwähnt werden, der sich mit seiner Zeitschrift »Teutscher Merkur« ganz auf die neuen Gegebenheiten eines freien literarischen Marktes einstellte. Das Blatt existierte von 1773 bis 1810 und machte sein Glück, wie Wieland es wollte, unter den »mittelmäßigen Leuten«, den Durchschnittslesern. Er verdiente dadurch so viel, daß er sich – trotz Pension – eine erstaunliche »Unabhängigkeit vom Weimarer Hof« erhalten konnte.

Wieland stellte sich auf »sehr realistische und doch nicht geistlose Art« auf die neuen literarischen Bedürfnisse ein, während – so Friedrich Sengle in seinem Wieland-Buch – der von »Klopstock bis Stefan George vorherrschende Typus des deutschen Dichters ... diese Masse des Publikums der Unbildung überließ«[28]. Im Prozeß der Kommerzialisierung

---

[27] Jürgen Habermas, Strukturwandel der Öffentlichkeit. Untersuchungen zu einer Kategorie der bürgerlichen Gesellschaft, Neuwied/Berlin 1962, S. 183.
[28] Friedrich Sengle, Wieland, Stuttgart 1949, S. 391/392, 407f.

der Literatur bleibt Wieland ein Einzelbeispiel. Typisch dagegen wurde, daß einem immer größeren Publikum der Zugang zur Literatur nicht nur »ökonomisch erleichtert« wurde, sondern auch psychologisch[29], und zwar durch die Produktion einer Literatur, die sich von vorneherein auf die Bedürfnisse der weniger gebildeten Schichten einstellt. Darin kann man ein »Versagen« der Schriftsteller, Buchhändler und sonstigen Literaturvermittler sehen. Von der bis heute beobachtbaren Wirklichkeit des literarischen Konsums besser gestützt scheint aber eine andere Deutung zu sein: Die Bedürfnisse der neuen Publikumsschichten waren völlig andere als die der früheren gebildeten Schichten und deshalb durch eine ökonomische Erleichterung allein keineswegs zu befriedigen. Anders ausgedrückt: die ästhetisch-literarischen Bedürfnisse einerseits und die Unterhaltungs- und Entspannungsbedürfnisse auf der anderen Seite mögen einige Gemeinsamkeiten haben, aber sie resultieren aus ganz verschiedenen gesellschaftlichen Verhältnissen.

In einem, historisch früheren Falle, macht die Literatur einen Teil jener Kultur aus, die vom Müßiggang einer kleinen Schicht getragen wird. Im anderen, bis zur Gegenwart reichenden Falle aber wird sie in der arbeitsteiligen Industriegesellschaft zur psychologisch erforderlichen Kompensation des Teiles der Zeit, die man mit seinem Beruf zubringt und dient der Evasion. Diese Funktion der Literatur wird im Laufe des 19. Jahrhunderts absolut dominierend, gibt ihr den eigentlichen Charakter einer Massenkultur, weil jetzt auch »Unterhaltung« zu einem Gegenstand des Konsums wird, weil man jetzt wie nie zuvor eine Reihe von Kommunikationsbedürfnissen durch »künstliche« Produkte, durch rationalisiert verfertigte Kulturgüter, also aus »zweiter« Hand

---

[29] Vgl. Habermas (Anm. 27), S. 183.

stillt. Seit der Mitte des 18. Jahrhunderts macht die Unterhaltung bis heute immer breiter werdende Ströme der Literatur aus, beherrscht den literarischen Markt und bedient spezifische Bedürfnisse auf allen Ebenen und in allen sozialen Schichten. Dabei differenziert und spezialisiert sich das Gebiet der Schönen Literatur, vor allem bei der Gattung Roman, die – gegen manche Widerstände – sich schließlich auch in Deutschland als die repräsentative Form der Epoche durchgesetzt hat. Die Verbreiterung des Publikums ist von der romanhaften Gestaltung neuer Themen und Stoffe begleitet. Beides bedingt sich wieder wechselseitig. Durch die Darstellung neuer Bereiche des Lebens werden neue Schichten der Gesellschaft (Berufe, Klassen etc.) in das literarische Gespräch gezogen; man gewinnt sie für die Lektüre, indem man ihre Welt zum Gegenstand macht. Und umgekehrt provozieren die neuen Lesermassen den Schriftsteller zur literarischen Verarbeitung ihrer Welt.

Es wäre lohnend, gerade von diesem Gesichtspunkt aus die Geschichte des Romans im 19. Jahrhundert zu durchforschen; genau darzustellen, wie immer neue Berufe in die Romanwelt Eingang finden und berufliche Motive und Schauplätze wichtig werden: es ist wohl im Prinzip richtig, »daß hier jede Berufsgattung höherer sozialer Bedeutung eine auf den betreffenden Ideenkreis abgestimmte Unterhaltungs-Literatur besitzt«[30]. Die Ausweitung der Produktion an Unterhaltungsliteratur aber ist nur eine Seite: Der Büchermarkt des 19. Jahrhunderts läßt sich generell durch eine Erhöhung der Bücherzahl und eine Vermehrung der Titelzahl pro Jahr charakterisieren. Dies macht es dem einzelnen Bücherkäufer zunehmend

---

[30] W. Koehler-Gera, Das Buch im Strom des Verkehrs. Eine nationalökonomische Studie über das literarische Wertproblem als Grundlage für die Neuordnung des modernen Buchverkehrs, Heidelberg 1905, S. 61.

unmöglich, einen Gesamtüberblick zu halten. Ein allseits gebildeter Mensch bleibt schon 1800 ein Wunschtraum. Mit der Verbreitung des Buchsortiments spezialisiert sich so das parallel damit verbreiterte Publikum.[31] Von der Gesellschaft her gesehen meint »Literatur« seitdem nichts Einheitliches mehr, sondern ein differenziertes Nebeneinander der in den verschiedenen Schichten der Gesellschaft rezipierten literarischen Werke sehr verschiedener Art. Allein die ästhetischen Niveauunterschiede sind so gravierend, daß man sinnvollerweise mindestens nach 1848 immer eine Elite- und andererseits eine Massenliteratur (Massenkultur) unterscheiden sollte.

Diese Kluft zwischen den verschiedenen Literaturen wurde beim *Naturalismus* unübersehbar. Es wäre ausführlich nachzuweisen, was hier nur angedeutet werden kann: diese Revolution war auf dem Meere des literarischen Geschmacks nur ein leichtes Oberflächengekräusel. Erst spät hatte sie auf dem Theater publikumssoziologische Folgen.[32]

V. Der Schriftsteller und das Publikum

Die Beobachtungen über das Publikum im literarischen Leben des 19. Jahrhunderts müssen in diesem Rahmen fragmentarisch bleiben. Nur wenige Aspekte konnten hervorgehoben werden. Auch mußte darauf verzichtet werden, all diese Hinweise und Bemerkungen systematisch auf die ihnen zugrunde-

[31] Vgl. hierzu die ungemein ergiebigen Kapitel 19 (»Was lasen, was schätzten die Hamburger in den fünfziger und sechziger Jahren?«) und 23 (»Allgemeinbildung an der Wende vom 19. und 20. Jahrhundert«) in: Percy Ernst Schramm, Neun Generationen. Dreihundert Jahre deutsche »Kulturgeschichte« im Lichte des Schicksals einer Hamburger Familie, Bd. 2, Göttingen 1964.

[32] Vgl. dazu Alfred Döblin, Vom alten zum neuen Naturalismus, in: Aufsätze zur Literatur, Olten/Freiburg 1963, S. 138 ff.; Werner Spies, Der literarische Geschmack im Ausgang des 19. Jahrhunderts im Spiegel der deutschen Zeitschriften, Diss. phil. Bonn 1953.

liegenden allgemein-historischen und speziellen sozialgeschichtlichen Tatsachen zu beziehen. In einer breiter angelegten Geschichte des literarischen Publikums wäre die Einarbeitung solcher Daten ein unumgänglicher Schritt und Voraussetzung aller literatursoziologischen Erörterungen. Diese, oft fatal allgemein um das Verhältnis »Literatur und Gesellschaft« kreisend, entbehren der wissenschaftlich notwendigen historisch-empirischen Grundlage, wo die ständig wechselnden Publikumskreise eines Autors, bestimmter Werke, Gattungen oder literarischer Richtungen nicht einigermaßen differenziert erforscht werden. Dies gilt auch für die folgenden Darlegungen über die sich wandelnden Beziehungen zwischen dem Schriftsteller und dem Publikum. Es sind durch Einzelbeispiele (von unbekanntem Repräsentationswert) belegte Thesen; nicht mehr.

Mit der Entwicklung des modernen Publikums entsteht der »freie Schriftsteller«. Er schreibt nicht mehr für einen Mäzen oder Gönner und Freunde an Höfen, Universitäten oder Magistraten, sondern für eine anonyme Vielzahl von Menschen. An die Stelle des »Patrons« tritt der Verleger als ein Vermittler zwischen Schriftsteller und Publikum. Diese Loslösung aus der Bindung an einen Hof oder vergleichbare Institutionen wurde im 18. Jahrhundert von den Autoren voll Hoffnung und Erwartung als ein Akt selbstbewußter Befreiung vollzogen. Aber selbst hundert und mehr Jahre später fanden sich viele deutsche Schriftsteller noch nicht damit ab und waren unfähig, sich gesellschaftlich und psychologisch mit der Wirklichkeit zu arrangieren.

So klagte Friedrich Freksa 1913 auf eine Umfrage seines Verlegers Georg Müller über das Verhältnis von »Dichter, Verleger und Publikum«: »Das literarische Marktgeschäft bleibt unangenehm und seelisch peinlich, denn der Dichter verkauft Leiden, Freuden, Schmerzen und Stunden innerlicher Erhebung, seinen Haß, seine Größe und seine Schwäche, sein ganzes Leben und Wirken, für jene kleinen runden Goldfüchse, mit denen andere Käufer sich auf dem Markte des Lebens Nahrung, Kleider, Gifte und Hetären erlisten. Wie anders, um wieviel stolzer war des Dichters Stellung und Haltung in anderen Zeiten, wenn er vor den Hochsitz des Königs trat und zu singen und sagen begann.«[33] So direkt trauerten andere den alten Zuständen nicht nach, aber Freksas reaktionäre Wunschträume sind durchaus typisch für ein häufig artikuliertes Unbehagen an den von einem anonymen Massenpublikum bestimmten literarischen Zuständen.

Ähnlich wie es Löwenthal für England getan hat, könnte man aus Briefen, Essays, autobiographischen Texten, Bemerkungen in Romanen und Gedichten belegen, daß auch die deutschen Schriftsteller seit dem Ende des 18. Jahrhunderts sich veranlaßt sehen, ernsthaft darüber nachzudenken, »in welcher Weise (das) Publikum literarische Produkte« aufnimmt und nach welchen Neigungen sich seine Kaufgewohnheiten richten.[34] Dies führt selten zu »wertfreien«, einigermaßen objektiven Beschreibungen der Zustände des literarischen Marktes, sondern meist zu einer höchst kritischen Beurteilung der Leser und Käufer. Zumindest das gesellschaftliche Selbstverständnis der Schriftsteller läßt sich daraus ablesen.

Die Erwägungen, Theorien, Behauptungen und Bannflüche von Goethe bis Fontane, Heyse und George auf einen Nenner gebracht, darf man wohl formulieren: Aus der Sicht der Schriftsteller (und ihrer »Verehrer« oder sachkundigen Anhänger) ist die Geschichte des literarischen Lebens eine Geschichte des schuldhaften Versagens der zum Publikum berufenen Gesellschaft gegenüber ihren »Dichtern«.

[33] Zehnjahreskatalog Georg Müller Verlag München, Schriftsteller, Verleger und Publikum. Eine Rundfrage, o. J. (1913), S. 53.
[34] Löwenthal (Anm. 16), S. 178/179.

Diese Einschätzung des Publikums und seines literarischen Geschmacks war mit den höchsten »Weihen« versehen, da sie von Schiller und vor allem Goethe vertreten wurde und so legitimiert war, wie die Tradition der Klassik überhaupt. Leo Löwenthal hat bei Goethe einen bis heute typischen Katalog von Klagen über das Publikum gefunden: seine Passivität, seinen Konformismus und seine Sucht nach Neuigkeiten, nach abwechslungsreichen Sensationen, seine Gier nach Zerstreuung und seine Ansprechbarkeit durch niedere Instinkte. »Goethe spricht für den Künstler...: er repräsentiert die humanistische Tradition, die die Verantwortung für das moralische Schicksal der ganzen Kultur und des Einzelnen in die Hand einer Geisteselite legt. Diese Elite verrät ihre Aufgabe, wenn sie den gewöhnlichen Instinkten des Publikums entgegen kommt und seichte Bücher und vulgäre Schauspiele produziert. Mit anderen Worten, Goethe fragte nicht, wie der Schriftsteller die Aufmerksamkeit eines großen Publikums gewinnen kann, sondern gerade umgekehrt: wie kann das Publikum dahin geführt werden, die von wahrer Kunst geforderte geistige Anstrengung auf sich zu nehmen, und was kann der Künstler selbst tun, um diesen Prozeß zu erleichtern?«[35]

So konnte für Goethe, wie er zu Riemer sagte, das Publikum, »besonders das deutsche«, nur eine »närrische Karikatur des Demos« sein. Das einzige Mittel dagegen schien ihm ein »stilles Ausharren«[36]. Ähnlich resignierte Schiller, als er einsehen mußte, daß seine Zeitschrift »Horen« ein geschäftlicher Mißerfolg war. Er schrieb an Cotta: »Wenn es Leser gibt, die lieber die Wassersuppen in anderen Journalen kosten, als eine kräftige Speise in den Horen genießen wollen, und die in den 56 Bogen, die sie nunmehr von uns gelesen, nicht mehr fin-

---

[35] Ebd. S. 67.
[36] Zitiert nach Tony Kellen, Die Schriftsteller und das Publikum, Paderborn 1914, S. 81/82.

den, als in den jetzt herausgekommenen Journalen zusammengenommen zu finden ist, so ist dieses freilich sehr übel, aber zu helfen weiß ich nicht.«[37]

Die gleichen Werturteile und die gleichen Haltungen finden sich bei zahlreichen Autoren während des ganzen 19. Jahrhunderts, selbst bei solchen, die sich – wie etwa Paul Heyse oder Julius Wolff und Felix Dahn – über mangelnde Auflageerfolge nicht beklagen konnten. Daraus ließe sich eine Dokumentation von beträchtlichem Umfang zusammenstellen. Besonders ergiebig scheint die Durchforschung der Werke Fontanes, vorzüglich seiner Briefe. Oft berichtet er seinem Briefpartner von Erlebnissen mit seinen Lesern, von ihrer Verständnislosigkeit, mangelnden Bildung, Oberflächlichkeit und ihrem miserablen literarischen Geschmack. Er tut es meist voll Resignation. Als die »Gartenlaube« seinen Roman »Quitt« zum Fortsetzungsabdruck annahm, bat die Redaktion um ein paar Änderungen. Darauf schrieb Fontane 1889: »Ändern Sie, soviel Sie wollen. Aus der Schüssel, aus der 300000 Deutsche essen, eß ich ruhig mit.«[38] Fontanes Vorstellungen und Hoffnungen beim Schreiben bezogen sich auf ein völlig anders zusammengesetztes Publikum als das seiner tatsächlichen Käufer und Leser. Um diesen Unterschied zu beschreiben, führt Ernest K. Bramsted in einer literatursoziologischen Studie die beiden Begriffe »Ideal Public« und »Real Public« ein. Beide Publika können im einen Fall identisch und im andern völlig verschieden sein; ebenso sind Überschneidungen denkbar.[39]

---

[37] Ebd. S. 81.
[38] Theodor Fontane, Von 30–80. Sein Leben in seinen Briefen, hrsg. von H. H. Reuter, Leipzig o. J., S. 388.
[39] Ernest K. Bramsted, Aristocracy and the Middle-Classes in Germany, Social Types in German Literature 1830–1900, (erstmals 1937), London 1964, S. 261/262.

Theodor Fontane hat in einem Gedicht nach seinem 75. Geburtstag dieses Verhältnis von »idealem« und »realem« Publikum für sich und sein Werk höchst interessant und anschaulich beschrieben:

Hundert Briefe sind angekommen,
Ich war vor Freude wie benommen,
Nur etwas verwundert über die Namen
und über die Plätze, woher sie kamen.
Ich dachte, von Eitelkeit eingesungen:
Du bist der Mann der »Wanderungen«,
Du bist der Mann der märkschen Gedichte,
Du bist der Mann der märkschen Geschichte,
Du bist der Mann des alten Fritzen
Und derer, die mit ihm bei Tafel sitzen,
Einige plaudernd, andere stumm,
Erst in Sanssouci, dann in Elysium;
Du bist der Mann der Jagow und Lochow,
Der Stechow und Bredow, der Quitzow und Rochow,
Du kanntest keine größeren Meriten
Als die von Schwerin und vom alten Zieten,
Du fandst in der Welt nichts so zu rühmen
Als Oppen und Groeben und Kracht und Thümen;
An der Schlachten und meiner Begeisterung Spitze
Marschierten die Pfuels und Itzenplitze,
Marschierten aus Uckermark, Havelland, Barnim,
Die Ribbecks und Kattes, die Bülow und Arnim,
Marschierten die Treskows und Schlieffen und Schlieben –
Und über alle hab ich geschrieben.
Aber die zum Jubeltag kamen,
Das waren doch sehr, sehr andre Namen,
Auch »sans peur et reproche«, ohne Furcht und Tadel,
Aber fast schon von prähistorischem Adel:
Die auf »berg« und auf »heim« sind gar nicht zu fassen,

Sie stürmen ein in ganzen Massen,
Meyers kommen in Bataillonen,
Auch Pollacks und die noch östlicher wohnen;
Abram, Isack, Israel,
Alle Patriarchen sind zur Stell,
Stellen mich freundlich an ihre Spitze,
Was sollen mir da noch die Itzenplitze!
Jedem bin ich was gewesen,
Alle haben sie mich gelesen,
Alle kannten mich lange schon,
Und das ist die Hauptsache ..., »kommen Sie, Cohn«.[40]

Ernest K. Bramsted, der dieses Gedicht zitiert, gibt den dort von Fontane geschilderten Zuständen eine allgemeinere Deutung: in Deutschland entstand eine Kluft zwischen dem »idealen« und dem »realen« Publikum, weil der größte Teil der Aristokratie der Literatur völlig gleichgültig oder sogar ablehnend gegenüberstand. So blieben die Wünsche der Autoren nach einem adeligen Publikum unerfüllt. »Für die feudale Militärkaste war die Kultur weder eine innere Notwendigkeit, noch – was vielleicht sehr viel wichtiger ist – war sie für die Aufrechterhaltung ihrer Machtstellung nötig. Gerade nach 1870 konnte es sich die Aristokratie leisten, gegenüber Kunst und Bildung gleichgültig zu sein«.[41]

Fontane sah diese Tatsachen genau, aber er konnte sich damit nur schwer abfinden. Bei aller Kritik am Adel, bei allem Abstand zu dieser Schicht, behielt er doch die Überzeugung, daß der Adel gleichsam die letzte Bastion der Poesie in der Welt sei. Adel und Adeliges waren für ihn trotz kritischer Einstellung ein geheimes Wunschbild; dies gilt noch viel

---

[40] Theodor Fontane, Gedichte, Leipzig 1927 (Insel-Bücherei).
[41] Bramsted (Anm. 39), S. 262. (Eigene Übersetzung nach dem englischen Original).

mehr für zahllose andere Autoren und erst recht das bürgerliche Publikum. Dies ließe sich am Gang der »Gartenlaube« aus ihren anti-feudalen, liberalen Anfängen ins Bismarck-Reich drastisch demonstrieren.

Einig mit den Dichtern sind auch ihre Kritiker oder Apologeten, also Journalisten und Schriftsteller, die sich in Zeitungen, Zeitschriften und Büchern mit aktuellen Fragen der Literatur beschäftigen. Auch aus solchen zeit- und kulturkritischen Lamentationen ließe sich eine umfangreiche Dokumentation zusammenstellen. Neben den allgemeinen Klagen über den schlechten Geschmack der Leser werden von diesen Journalisten, Schriftstellern und Literaturkritikern zwei Aspekte besonders breit diskutiert und oft als die beiden eigentlichen Ursachen dieses bejammernswerten Zustandes des Publikums hingestellt. Erstens: Schuld an allem ist die Tatsache, daß das Publikum der Literatur fast ausschließlich von Frauen und Töchtern und – bestenfalls noch Jugendlichen – gebildet wird. Zweitens. Die Misere der deutschen Literatur resultiert außerdem daher, daß für Bücher kein Geld ausgegeben wird, auch nicht von wohlhabenden Kreisen.

Die Klage, daß der deutsche Leser keine Bücher kaufe, sondern sie lieber – ohne Scheu vor Dreck und Bazillen – aus der Leihbibliothek hole oder von seinen Dienstboten möglichst anonym holen lasse, geht seit der Einrichtung von Leihbibliotheken im 18. Jahrhundert durch die Jahrzehnte. Man stellte dies zunächst ohne Zorn, aber voll Resignation fest – zumindest solange Bücher im Verhältnis zum Durschchnittseinkommen ein wirklicher Luxusgegenstand waren. Als aber nach 1870/71 sich Reichtum bei einigen »Oberen Zehntausend« breit machte und eine bürgerliche Mittelschicht da und dort vergleichsweise »wohlhabend« wurde, fanden manche Schriftsteller bittere und sarkastische Töne angesichts der geringen Beträge, die im »Haushaltsbudget« gut verdienender

Familien für Bücher eingeräumt wurden. Daß es zu diesen Anklagen und Vorwürfen kommen konnte, sagt einiges über das Verhältnis der Gesellschaft zur Literatur in den letzten Jahrzehnten des 19. Jahrhunderts und bis zum Weltkrieg aus. Sie war für weite Kreise, die kraft Bildung und Einkommen als Publikum wohl in Frage gekommen wären, kein irgendwie psychologisch und gesellschaftlich integriertes Bedürfnis, kein selbstverständliches Inventar der »Bildung«, ja, im »Salon« mußte sich offensichtlich – das ist einigen Polemiken zu entnehmen – nicht einmal aus Gründen des Sozialprestiges ein Bücherständer finden. Schmeichelhafte Attribute verschaffte man sich mit anderen Dingen und literarisch höchstens mit Klassikern, deren Besitz jetzt fraglos wird.

Aber diese fast ohne Ausnahmen so negative und kritische Meinung über das Publikum sagt auch einiges über die Schriftsteller aus. Es war ihre Reaktion auf die im 18. Jahrhundert datierende Entstehung der modernen Massengesellschaft, die damit einhergehende Verbreiterung des literarischen Publikums und auf dessen literarische Bedürfnisse und Konsumgewohnheiten. Die Urteile differieren durch hundert Jahre zwar im Wortlaut, aber ihre Aussage läßt sich im Prinzip auf das zurückführen, was schon Goethe und Schiller dazu notiert hatten – notiert vom Standpunkt der klassisch-humanistischen Ästhetik aus und ohne jedes Verständnis für die objektiven gesellschaftlichen Gründe dieser Verhältnisse und Zusammenhänge. Georg Lukács abwandelnd könnte man sagen, das »wirkliche Objekt des Jammers« war die »unerkannte Struktur der Gesellschaft«[42].

Als Marx, Engels, Schäffle und um 1900 Georg Simmel und Max Weber längst eine Fülle sozialgeschichtlicher und

---

[42] Georg Lukács, Skizze einer Geschichte der neueren deutschen Literatur, Neuwied/Berlin, 1963, S. 171.

soziologischer Erkenntnisse zutage gefördert hatten und die neu entstehende Massengesellschaft analytisch in den Griff bekamen, da hingen die gebildeten bürgerlichen Schichten, aus denen die meisten Schriftsteller kamen, noch einem überkommenen Gesellschaftsbild an, das seine Verbindung zur Wirklichkeit längst verloren hatte. Bis hin zum jungen Heinrich Mann herrschten Anschauungen über die sozialen Funktionen der Literatur, die einem veralteten Rezeptionsideal entsprachen.[43]

Wie Schiller, der davon überzeugt war, daß das Publikum »zu dem Höchsten eine Fähigkeit mitbringt«[44], konservierte man solche Illusionen trotz aller gegenteiligen Erfahrungen. Sie gehörten zum ideologischen Inventar der gängigen Meinungen über den sozial-kulturellen Prozeß der literarischen Wertung. Dahinter stand die naive Überzeugung, daß es im »Kulturellen so etwas wie eine ›natürliche Selektion‹ des Hochwertigen« gäbe.[45]

Die bürgerlichen Intellektuellen in Deutschland standen der entstehenden Massengesellschaft fremd gegenüber. Ihr Verhältnis dazu war von regressiven Tendenzen bestimmt. Auf der Suche nach dem verlorenen Publikum fanden sie nicht zur Realität ihrer Zeit, sondern wandten sich von dieser ab. Diese Flucht vor der gesellschaftlichen Realität führte zu einer bewußt antigesellschaftlichen Ästhetisierung der Literatur, zur Isolation von der Gesellschaft und den Rückzug auf kleinste, geschlossene Kreise, zur Etablierung der Bohème-Existenz, wobei kleine Cliquen sich als Publikum selbst genug waren. Als Flucht kann man auch die larmoyante Ver-

---

[43] Vgl. Lorenz Winter, Heinrich Mann und sein Publikum, Köln/Opladen 1965, S. 89.
[44] Vgl. Löwenthal (Anm. 16), S. 65.
[45] W. E. Mühlmann, zitiert nach Fügen (Anm. 9), S. 172/173.

klärung des Gegensatzes zwischen Bürger und Künstler interpretieren und nicht zuletzt den – wie Robert Minder es ausdrückt – »Regenerationsprozeß vom total platten Lande her«[46], den die antizivilisatorische und antigroßstädtische Heimatkunst- und Heimatliteraturbewegung propagierte.

Rosenhaupt hat einen Aspekt dieser Flucht in seiner kaum beachteten Studie »Der deutsche Dichter um die Jahrhundertwende und seine Abgelöstheit von der Gesellschaft« u.a. am Beispiel Rilkes, Georges und Hofmannsthals sehr eingehend erforscht.[47] Er geht dabei von der Kritik der Dichter an der zeitgenössischen Gesellschaft aus und sieht in der hier zum Ausdruck kommenden Ablehnung des wilhelminischen Bürgertums eine entscheidende Voraussetzung für die Ablösung von der Gesellschaft. Aber war die selbstgewählte Isolation die einzig denkbare Reaktion? Im Rückzug aus der Öffentlichkeit waren diese Dichter der Gesellschaft doch ganz verhaftet. Ein demokratisches Potential war bei beiden nur rudimentär vorhanden.

VI. Zustand um 1900

Wer war nun am Ende des Jahrhunderts das Publikum unserer Literatur? Wieder kann hier keine statistische Darstellung eingeflochten, sondern lediglich abschließend notiert werden, welche Sachverhalte es weiter zu sehen gilt. Ausgangspunkt sind zwei, fast gleichzeitig erschienene Zeitschriftenaufsätze. In beiden lautet die Frage: »Wer ist das Publikum?«

Die Antwort darauf von E. Wengraf in der sozialistischen Zeitschrift »Die Neue Zeit« lautet: »Gewiße Ästhetiker und Literarhistoriker sind rasch dabei, Publikum einfach mit ›Volk‹ zu übersetzen. Allein der Begriff hat einen viel enger

---

[46] Robert Minder (Anm. 17), S. 39.
[47] Hans Wilhelm Rosenhaupt, Bern–Leipzig 1939.

zu begrenzenden Inhalt. Das Publikum ist derjenige Teil der wohlhabenden Klassen, der im Stande und geneigt ist, Bücher zu kaufen oder doch wenigstens die Leihbibliotheksgebühr zu zahlen, also ein nur sehr geringer Bruchteil des Volkes!« Und von diesem besitzenden und ›gebildeten‹ Mittelstand sind es wieder vorzüglich die Frauen, die sich mit der Literatur beschäftigen, so daß diese lediglich die Sache einer bevorrechtigten Klasse ist und »zwar des geistig unreifsten Teiles dieser Klasse«[48].

Ebenfalls 1889 beschäftigt sich Albert Dresdner mit dieser Frage. Er lehnt es sogar ab, das literarische Publikum mit jenen zu identifizieren, die Bücher kaufen und lesen: »Das Publikum unserer Literatur, in einem strengeren Sinne verstanden, wird gerade nicht durch alle die gebildet, welche Bücher lesen. Denn das Verständnis für literarische Erzeugnisse setzt einen hohen Grad von Empfänglichkeit, von eindringendem Ernste, von Freiheit des Urteils und vor allem auch von der Fähigkeit voraus, sich in eines anderen lebendigen Geist unbefangen versetzen zu können. Das Publikum, das *diese* Eigenschaften besitzt, ist es, welches für unsere Literatur von Bedeutung ist.«

Um das ›Publikum‹ in diesem Verständnis zu entdecken, geht Dresdner dann die einzelnen Kreise des ›Volkes‹ durch, beginnend mit dem sogenannten ›niederen‹ Volk. Für ihn ist »unwiderleglich, daß von dieser Seite der Literatur nie etwas anderes als Gleichgültigkeit entgegengetragen wurde«. Zu dieser Behauptung machte der Herausgeber der Zeitschrift eine interessante Anmerkung: »Dieser Ausdruck dürfte denn doch zu schroff sein; Erfahrungen, die ich selbst und die einige meiner Freunde in letzter Zeit in sozialistischen Arbei-

---

[48] Edmund Wengraf, Literatur und Gesellschaft, in: Die neue Zeit, 7. Jg., 1889, S. 246.

tervereinen gemacht haben, bezeugen, daß ein Sinn für echte und große Poesie, ein Verlangen danach in jenen Kreisen wohl vorhanden ist und immerhin genährt zu werden verdient.«[49]

Dresdners Artikel stand im »Kritischen Jahrbuch«; die Notiz dazu schrieb Heinrich Hart. Sie zeigt, welche Intentionen der Naturalismus auch publikumssoziologisch hatte. Die Konsequenzen aus solchen Einsichten wurden aber kaum von Hart und seinen Freunden gezogen, sondern von Menschen, die der Literatur nur als Vermittler dienten: Politikern, Pädagogen, Buchhändlern, Verlegern und Bibliothekaren. Die Volksbildungsbestrebungen aller Art nahmen im letzten Viertel des 19. Jahrhunderts immer mehr an Intensität und Breite zu. Die Hoffnungen galten dabei vor allem der Arbeiterschicht.

In seiner berühmten Rede »Wissen ist Macht – Macht ist Wissen« hatte Wilhelm Liebknecht schon 1872 dazu den Anstoß gegeben: »Der Wissensdrang ist allgemein unter den Arbeitern; ... ein Arbeiter ohne Bildungsbedürfnis ist ebenso selten, als ein Bourgeoise mit Bildungsbedürfnis.« Da die Bürger nur noch materielle Interessen kennen, werden die Arbeiter zu den Trägern der modernen Kultur.[50]

Diese Überzeugung wurde zu einem mächtigen Motor. Zwar gaben Untersuchungen der Lektüre von Arbeitern[51] kaum Anlaß, in dieser Schicht einen literarischen Geschmack zu vermuten, der sich prinzipiell von dem anderer und früherer Leserkreise unterscheidet, aber immerhin wurde hier bewußt und systematisch versucht, die Klassenstruktur des

---

[49] Albert Dresdner, Das Publikum und die Literatur, in: Kritisches Jahrbuch, 1 (1889/90), Heft 2, S. 3 ff.
[50] Wilhelm Liebknecht, Wissen ist Macht – Macht ist Wissen (1872), zitiert nach einer Neuausgabe Berlin, 1919, S. 5/6.
[51] Vgl. A. H. Th. Pfannkuche, Was liest der deutsche Arbeiter? Auf Grund einer Enquete beantwortet, Tübingen und Leipzig 1900.

literarischen Publikums zu verändern. Hier stellte sich zögernd ein gewisser Realismus gegenüber der ›Massenkultur‹ ein. Diese Bemühungen um die Verbreitung der Literatur in immer weitere Kreise sind das Komplement zu der immer breiter werdenden Kluft zwischen Literatur (= Dichtung) und Gesellschaft, zu der Ablösung des Dichters von der Gesellschaft. Einer Publikumsgeschichte der Literatur müssen beides gleich bedeutsame Momente sein.

Die neuen Werke einer literarischen Strömung, eines sich langsam etablierenden Autors oder gar das Erstlingswerk eines jungen Dichters treffen nie auf eine tabula rasa, sondern auf sehr verschiedenartige literarische Bedürfnisse, fest verwurzelte Lesegewohnheiten und längst ›besetzte‹ Kaufinteressen. Ein neuer Autor, eine neue Literatur müssen sich ihr Publikum erst suchen, erst erobern. Heinrich Hart drückt das in einer Nachbemerkung zu Dresdners Aufsatz sehr pointiert aus: »Der wahre Dichter schreibt immer nur für die Zukunft …, das Publikum muß, um ihn recht und aus dem Vollen zu würdigen, immer erst der Stufe, die der Dichter bereits erreicht hat, nachwachsen, oder besser gesagt, *sein* Publikum bildet sich der Dichter allmählich an, wie um den Stein, der ins Wasser geworfen ist, sich nach und nach immer weitere und weitere Kreise bilden.«[52]

Im literarischen Leben sind bei diesem Prozeß die ›Wartefristen‹ oft sehr lange, für den einzelnen Dichter nicht selten schicksalhaft und tödlich lange.

Diese Sicht vom Dichter auf das Publikum ist eine Seite. Die andere Seite der Publikumsgeschichte schreiben die Bücherkäufer, Bücherleiher und Bücherleser. Hier geht es um die faktische Rezeption der literarischen Werke: in Quantitäten der Verbreitung und Intensitätsgraden der Wirkung. Die sich dabei herstellende Rangordnung des Erfolgs wird in

[52] Heinrich Hart (vgl. Anm. 49, S. 11/12).

der Regel beträchtlich abweichen von der aus Literaturgeschichten gewohnten Rangordnung der ästhetischen Wertung. Vielleicht sollten wir langsam lernen, beides als die Geschichte der Literatur zu begreifen.

Leserforschung in Deutschland

Von Dr. Wolfgang Strauss

Die Frage nach dem Leser stellt sich Verlegern, Buchhändlern, Autoren und Kritikern schon, solange Bücher geschrieben, produziert, verbreitet und rezensiert werden. Im Laufe der Jahrhunderte sah sich der Leser gepriesen und geschmäht, gelobt und getadelt, man saß über ihn zu Gericht, sprach ihn schuldig, wenn das bedeutende Werk eines bedeutenden Autors unbeachtet und ungelesen in den Bücherschränken einer kleinen Elite Literaturbeflissener verstaubte. Es erschien Literaten und Kritikern unbegreiflich, daß der Leser es vorzog, sich mehr der spannenden und unterhaltsamen Lektüre des »Rinaldo Rinaldini« zu widmen, als zu den »Wahlverwandtschaften« oder zu »Wilhelm Meisters Lehrjahren« zu greifen. Nur *der* Leser wurde ernst genommen, der es seinerseits ernst nahm mit *der* Literatur, die zum Kanon »Deutscher Dichtung« zählte. Wehe dem Leser, der sich unterstand, sein Vergnügen im Reiche der Unterhaltungsliteratur zu suchen. Fortan zählte er zu den Konsumenten der Konform- und Trivialliteratur, seines Bleibens im Reiche der Literatur war nicht länger. Selbst die Leser des geistreichen und unterhaltenden Wieland mußten gewärtig sein, mit Schimpf und Schande aus der Schar der Literaturbeflissenen davongejagt zu werden, wurden sie bei ihrer kompromittierenden Lektüre erwischt.

Immer fand sich ein Praeceptor Germaniae, der von der hohen Warte deutscher Gelehrsamkeit den Leser in seine Schranken verwies. Kurz, der Leser in Deutschland wurde nur allzu schnell und leichtfertig nach der Auswahl seiner Lektüre beurteilt. Daß dabei die Leser der in Deutschland nie sonderlich hoch im Kurs stehenden Unterhaltungsliteratur oft einer abwertenden und verletzenden Beurteilung ausgesetzt waren und auch noch sind, darf eigentlich nicht sonderlich verwundern.

Was ist Leserforschung?

Wenn ich nun ein Bild des Lesers unserer Tage zu entwerfen versuche, so ist zu bedenken, daß wir erst am Anfang langwieriger Bemühungen stehen, die darauf zielen, Verhalten und Lesegewohnheiten des Lesers zu ermitteln, seine Stellung zu Buch, Zeitschrift und Zeitung, aber auch die Haltung zu anderen Medien wie Fernsehen, Rundfunk und sein Freizeitverhalten überhaupt zu analysieren und kommentieren. All diese Faktoren sind wichtige Bausteine einer wissenschaftlichen Leserforschung. Zuweilen begegnet man auch dem Begriff »Leserschaftsforschung«, was dasselbe meint. Hier wird die Menge der Leser als Leserschaft bezeichnet, was der Neigung der empirischen Sozialforschung nach statistischen Mengen beredten Ausdruck verleiht. Ich möchte aber vom Leser – auch im Plural – sprechen, nicht nur deswegen, weil ich kein Sozialforscher bin, sondern auch, weil ich meine, daß das Wort »Leser« positive und vertraute Assoziationen weckt. Allerdings soll es an empirischem Material über den Leser nicht fehlen, damit die Zahlengläubigen auf ihre Kosten kommen. In einem Lexikon wird der Begriff »Leserforschung« folgendermaßen definiert: »Weitgehend auf der Methode der Repräsentativumfrage beruhendes Verfahren zur Feststellung der Lese-, aber auch Lebens- und Konsumgewohnheiten einer bestimmten Publikumsgruppe und insofern ein Teilgebiet der Meinungsforschung. Im Zuge der Leserforschung erstellte »Leser-Analysen« dienen der Werbeplanung«[1]. Diese Begriffsbestimmung kennzeichnet

---

[1] Stichwort »Leserforschung«. In: Das Bertelsmann Lexikon 2. Aufl. Gütersloh: Bertelsmann 1966, Sp 915.

am ehesten die Bemühungen der Zeitungs- und Zeitschriftenverlage, die als Werbeträger für ihre Kunden umfangreiche Analysen über die Konsumgewohnheiten ihrer Leser erstellen. Leserforschung – wie wir sie meinen – hat ein weitaus größeres Feld zu bestellen. Sie schließt in ihre Untersuchungen alle lesefähigen und lesebereiten Menschen ein und alles, was von diesen Menschen gelesen wird. Es sind also nicht nur die Buchleser, sondern auch die Leser von Zeitungen und Zeitschriften, aber auch solche von Groschenromanen und Comics. Bei den Buchlesern ebenso jene, die die sogenannten »Leihbüchereiromane« konsumieren, als auch die, die Fachbücher und wissenschaftliche Literatur lesen. Da die Leserforschung schließlich auch das Verhältnis Lesen und Buchkauf zu untersuchen hat, ist sie nicht nur ein Teilgebiet der Meinungsforschung, sondern auch der Verbrauchsforschung.

Die Leserforschung kann nur dann sinnvoll betrieben werden, wenn alle Faktoren, die das Leseverhalten bestimmen, untersucht werden.

Die Anfänge der Leserforschung
Im Jahre 1914 legte der Verleger Eugen Diederichs die Ergebnisse einer Käuferbefragung vor, der noch eine Reihe weiterer von anderen Verlegern folgen sollten. Man hatte den Büchern Buchkarten beigelegt und die Buchkäufer gebeten, diese ausgefüllt an den Verlag zurückzusenden. Diese ausgefüllten Buchkarten gaben dem Verleger Auskunft über die Person des Buchkäufers und außerdem über die Motive, die zum Kauf des Buches geführt hatten. So unzulänglich die Methoden dieser Art von Meinungsbefragung auch waren – ganz abgesehen davon, daß, wie wir noch sehen werden, der Buchkäufer nicht mit dem Leser identisch ist – so darf nicht übersehen werden, welche entscheidenden Impulse die Verbrauchsforschung in Deutschland durch diese Käu-

ferbefragungen der Verleger bekommen hat. Georg Bergler, einer der führenden Wissenschaftler auf dem Gebiet der Verbrauchs- und Marktforschung, sieht in diesen Bemühungen der Verleger die Anfänge der Verbrauchsforschung in Deutschland überhaupt. Horst Kliemann, ehemals Verlagsdirektor in München, der als Autor der »Anleitungen zum wissenschaftlichen Arbeiten« nicht unbekannt sein dürfte, muß hier genannt werden. Er zählt auf dem Felde der Käuferschichtung, der Frage nach dem Buchkäufer und nach dem Buchleser zu den Pionieren, auch außerhalb des Buchhandels. Mit seinem im Jahre 1928 erschienenen Buch »Wie und wo erfasse ich Käuferschichten«[2] stellt er an Hand der »Einteilung der Käufermassen in Interessenschichten als Grundlage des Verkaufs- und Produktionsplanes« – so der Untertitel – nicht nur dem Buchhandel, sondern auch der gesamten Wirtschaft das Instrument einer wissenschaftlich fundierten Verbrauchsforschung und Käuferpsychologie zur Verfügung. Dieser Untersuchung Kliemanns waren die schon erwähnten Verlegerrundfragen bei den Käufern ihrer Bücher vorausgegangen. Die wichtigste und bedeutendste dieser Rundfragen war die des Karl May Verlages, die Kliemann verschiedentlich kommentiert hat[3].

Wichtig und bedeutend sind diese Rundfragen deswegen, weil der Verlag sie kontinuierlich über einen Zeitraum von zwanzig Jahren hinweg geführt hat. Erscheinen diese ersten Versuche heute recht bescheiden, so ist zu bedenken, daß sie notwendige Vorarbeiten waren für eine Wissenschaft, deren Blüte und Aufschwung damals nur wenige ahnten. Niemand,

---

[2] Kliemann, Horst: Wie und wo erfasse ich Käuferschichten? Wien – Berlin – Leipzig: Barth 1928.
[3] Vgl. Kliemann, Horst: Die Käufer und Leser Karl May's. In: 25 Jahre Schaffen am Werke Karl May's. Radebeul b. Dresden: Karl May Verlag 1938.

der sich heute ernsthaft mit diesem Gebiet befassen will, kann auf sie verzichten. Es würde zu weit führen, die Ergebnisse dieser »Motiv-Statistiken« – wie Kliemann sie nannte – hier auszubreiten. Es waren zudem Momentaufnahmen, die nur einen kleinen Käufer- bzw. Leserkreis erfaßten.

Eine Momentaufnahme war auch die Untersuchung von A. H. Th. Pfannkuche, die im Jahre 1900 unter dem Titel »Was liest der deutsche Arbeiter?«[4] erschienen ist. Sie beleuchtet die Situation des deutschen Arbeiters und sein Verhältnis zum Buch in den letzten Jahren des 19. Jahrhunderts. Auch diese Untersuchung kann nicht als repräsentativ in unserem Sinne gelten. Der Verfasser beschränkt sich im wesentlichen nur auf den Industriearbeiter, soweit er vom Sozialismus wenigstens irgendwie berührt ist. Ihm geht es vor allem um den gewerkschaftlich organisierten Arbeiter, das heißt: die Elite der Arbeiter in jenen Jahren.

Der Verfasser hat die Ausleihkataloge von vierzig verschiedenen Bibliotheken ausgewertet. Dabei stellte er fest, daß naturwissenschaftliche, geschichtliche, kulturgeschichtliche Bücher, dazu Reisebeschreibungen und populär-medizinische Werke überall an erster Stelle der Ausleihe stehen. Politische und volkswirtschaftliche Werke wurden kaum ausgeliehen.

Und damit sind auch schon die Ergebnisse selbst der Vorarbeiten zur Leserforschung erschöpft. Erst die Jahre nach dem Zweiten Weltkrieg mit der immer schneller um sich greifenden empirischen Sozialforschung bringen neue und wichtige Ergebnisse, die für die Leserforschung von Nutzen sind.

---

[4] Pfannkuche, A. H. Th.: Was liest der deutsche Arbeiter? Jena: G. Fischer 1900.

Methodik der Leserforschung

Die Unterlagen zu einer sinnvollen und stichhaltigen Leserforschung kann uns die empirische Sozialforschung zur Verfügung stellen. Sie ist in der Lage, wichtige und wertvolle Hinweise über das Lesen, den Buchbesitz, die Einschätzung des Lesers in der Bevölkerung zu übermitteln. Allerdings ist immer wieder festzustellen, daß Ergebnisse der empirischen Sozialforschung allzu leichtfertig und oberflächlich kommentiert werden. Außerdem sind im Laufe der Jahre in der Hochkonjunktur der Markt- und Meinungsforschung eine Anzahl von Instituten entstanden, deren spektakuläre Veröffentlichungen häufig an der Seriosität solcher Unternehmen zweifeln lassen. Eine Untersuchung, die zu verwertbaren Ergebnissen gelangen will, bedarf einer langen und gründlichen Vorbereitung und der Zusammenarbeit verschiedener wissenschaftlicher Disziplinen. Eine Befragung kann nur als repräsentativ gelten, »wenn die für das Untersuchungsthema wesentlichen und objektiven Merkmale bei den ausgewählten Befragungs- und Beobachtungspersonen in der gleichen Häufigkeit auftreten, wie sie in der repräsentierten Grundgesamtheit vorhanden sind. Dann aber ist eine Projektion der Untersuchungsergebnisse, ein sogenannter ›Repräsentativschluß‹, von dem strukturgetreuen Modell auf die Gesamtheit (etwa die erwachsene Bevölkerung im Bundesgebiet) wissenschaftlich erlaubt und gerechtfertigt. Eine statistische Voraussetzung muß jedoch gegeben sein. Die Stichprobe muß entsprechend dem verlangten Maß an Genauigkeit der Ergebnisse eine jeweils dafür notwendige absolute Mindestgröße besitzen«[5]. Die Kenntnis der soziolo-

---

[5] Fröhner, Rolf: Das Buch in der Gegenwart. Eine empirisch-sozialwissenschaftliche Untersuchung. Gütersloh: Bertelsmann 1961 (= Veröffentlichungen für den Buchhandel), S. 13.

gischen Struktur ist von eminenter Bedeutung für die spätere Kommentierung der Befragungsergebnisse. Es kann nicht häufig genug darauf hingewiesen werden: Eine Untersuchung, die unsachgemäß durchgeführt wird, gibt auch ein ungetreues Bild der Situation wieder und kann zu falschen Rückschlüssen Anlaß geben. Der Aufbau und die Anlage einer Befragung entscheiden über ihren Erfolg oder Mißerfolg. Die Ergebnisse der Befragung schließlich verlangen eine umsichtige und einfühlsame Interpretation und Kommentierung. Da die Faktoren, die das Leseverhalten und die Art der Lektüre bestimmen, einem stetigen Wandel unterworfen sind, muß die Leserforschung zu einer Dauereinrichtung gemacht werden. Meinungsumfragen, die die Grundlage der Leserforschung bilden, müssen von Zeit zu Zeit wiederholt werden, damit sich Momentaufnahmen zu einem umfassenden Bild zusammenfügen, und Veränderungen des Leserverhaltens aufgespürt werden.

Träger der Leserforschung
Es kann kein Zweifel darüber bestehen, daß die vielfältigen Aufgaben einer wissenschaftlichen Leserforschung nicht bei *einer* wissenschaftlichen Disziplin instituiert werden können. Nur eine interdisziplinäre Zusammenarbeit vermag gültige Resultate zu erzielen. Auf die Rolle der empirischen Sozialforschung habe ich schon hingewiesen. Die Soziologie, Psychologie und die angewandte Mathematik sind ihre unentbehrlichen Helfer. Die durch die empirische Sozialforschung aufgezeigten Tendenzen verlangen eine Interpretation durch Germanisten, Literatursoziologen und Publizisten.

Der Leser
So schnell man bereit ist, den Begriff »Leser« als einen homogenen Komplex zu betrachten, so eröffnen sich doch bei

längerem Nachdenken Perspektiven unterschiedlichster und gegensätzlichster Art. Was beispielsweise verbirgt sich hinter dem Begriff »Buchleser«. Es sind Leser von wissenschaftlicher und trivialer Literatur, Leser von Märchen und esoterischer Lyrik. Welche Vorstellungen haben *sie* vom Lesen und welche die Zeitungs- oder Zeitschriftenleser? Warum lesen Sie? Wie lange? Hängt die Häufigkeit des Lesens von dem Grad der Schulbildung ab? All diese Fragen und noch einige mehr versuchen, dem diffizilen Inhalt des Lesens auf die Spur zu kommen. Diese Fragen lassen sich beliebig verästeln. Etwa: Bleibt ein Leser auf dem einmal erreichten Niveau seiner Lektüre stehen? Oder liest ein Leser esoterischer Lyrik etwa auch Kriminalromane oder gar Groschenromane? Die Lesegewohnheiten der älteren Generation sind andere als die der jungen, die der Fernsehzuschauer unterscheiden sich erheblich von denen der Buchleser. Die Leseintensität der verschiedenen Berufsgruppen variiert sehr stark. Die Gestalt des Lesers hat sich zusammen mit den starken gesellschaftlichen Veränderungen im Laufe der letzten Jahrzehnte entscheidend gewandelt. Er war noch in den Jahren vor dem Zweiten Weltkrieg einzuordnen. Es war der bürgerliche, bildungsbeflissene, konservative und traditionsgebundene Leser, der für Autoren, Verleger und Buchhändler ein überschaubares literarisches Publikum darstellte. Das hat sich in den Jahren nach dem Zweiten Weltkrieg rapide geändert. Die Zahl der Leser ist erstaunlich gewachsen. Wir wollen zunächst einen Blick auf die Gesamtheit der Leser, die statistische Menge, werfen, um daran anschließend zu differenzieren, festzustellen, was sie lesen, wann sie lesen, warum sie lesen, was Lesen ihnen bedeutet.

In einer Familienuntersuchung, die das Emnid Institut im Jahre 1954 durchgeführt hat, gaben 30 Prozent der Befragten an, während der gestrigen Freizeit gelesen zu haben. Im

Sommer 1955 ergab eine Untersuchung des Institutes für Demoskopie in Allensbach, daß etwa 30 Prozent der Befragten im allgemeinen, aber nur etwa 11 Prozent am letzten Sonntag gelesen hatten. Im Mai 1957 stellte das Allensbacher Institut in einer Untersuchung für den Süddeutschen Rundfunk fest, daß am letzten Wochenende etwa 28 Prozent aller Arbeiter und Angestellten, die nicht zur Arbeit brauchten, gelesen hatten, während 18 Prozent der Arbeiter und Angestellten noch nach der Arbeit lasen. In einer Emnid-Untersuchung von 1958, die 1961 im C. Bertelsmann Verlag unter dem Titel: »Das Buch in der Gegenwart«[5] erschienen ist, gaben 30 Prozent der Befragten Lesen als liebste Freizeitbeschäftigung an. In der neuesten und umfangreichsten Untersuchung zu diesem Thema, die im Jahre 1964 in den Monaten Mai bis Juni vom DIVO-Institut durchgeführt wurde und 1965 in den »Schriften zur Buchmarkt-Forschung« unter dem Titel »Buch und Leser in Deutschland«[7] ebenfalls im C. Bertelsmann Verlag erschienen ist, gaben an jedem Tag der Erhebung durchschnittlich 28 Prozent der Befragten an, am Vortage u. a. gelesen zu haben. Die Ergebnisse dieser hier zitierten Befragungen zeigen deutlich, daß Resultate verschiedener Umfragen nicht ohne weiteres vergleichbar sind. Man muß, will man zu vergleichbaren Ergebnissen kommen, auch die Fragestellung angleichen.

Doch betrachten wir das Ergebnis der DIVO-Untersuchung einmal näher. An jedem Wochentage von Montag bis Freitag beschäftigte sich durchschnittlich ein Viertel der erwachsenen Bevölkerung Westdeutschlands u. a. mit Lesen.

---

[6] Fröhner, Rolf: Das Buch in der Gegenwart. a.a.O.
[7] Buch und Leser in Deutschland. Eine Untersuchung des DIVO-Instituts, Frankfurt a. M., bearbeitet von Maria-Rita Girardi, Lothar Karl Neffe und Herbert Steiner. Gütersloh: Bertelsmann 1965. (= Schriften zur Buchmarkt-Forschung).

Was diese Feststellung aber in Wirklichkeit aussagt, macht der Kommentar der Autoren deutlich: »Jenes Viertel der Bevölkerung, das sich nach eigenen Angaben mit Lesen beschäftigt, erweist sich zu rund 60 Prozent als Leser von Zeitungen und Zeitschriften. Ein Teil dieser Leser besteht zudem – wie auch aus anderen Untersuchungen bekannt ist – aus flüchtigen Lesern, die lediglich die Schlagzeilen überfliegen oder die Zeitschrift oberflächlich durchblättern.«[8]

In dieser Untersuchung ging man davon aus, daß das Motiv zum Lesen sich in dem äußert, was von der Bevölkerung über Leser und Lesen gesagt wird. So wurden den Befragten verschiedene Argumente vorgegeben, die sie einem »eifrigen Leser«, einem »Durchschnittsleser« und einem »Nichtleser« zuordnen konnten. So erscheint der eifrige Leser als ein Mensch, der in einer anderen Welt lebt, wenn er liest. Der Durchschnittsleser erscheint seiner Mitwelt aufgeschlossener. Er liest, um auf dem laufenden zu bleiben, aber auch, um alltägliche Erfahrungen sowie Langeweile und Anspannung zu überwinden. In dieser Einstellung, Lesen als Ersatz für andere Tätigkeiten zu betrachten, ist der Durchschnittsleser dem Nichtleser wesentlich ähnlicher als dem eifrigen Leser. Außerdem sehen die Befragten im Lesen ein Mittel, mit dem man sich in den Kreis derer einreiht, die sich bereits durch Bildung auszuzeichnen scheinen. Zwei große Faktoren scheinen heute das Lesen zu bestimmen. Auf der einen Seite fordern Beruf und Arbeitswelt ein ständiges Erlernen und Begreifen neuer Wissenszusammenhänge. Auf der anderen Seite ist aber eine verstärkte Neigung nach Entspannung und Unterhaltung festzustellen. Dieses Unterhaltungsbedürfnis wird selbstverständlich nicht nur durch das Lesen befriedigt. In diesem Bereich tritt es mit anderen Medien in eine harte Konkurrenz.

[8] Ebenda, S. 16–17.

Leser und Freizeit

Da, wie wir noch sehen werden, bei der großen Zahl der Nichtleser, immer wieder das Argument auftaucht, keine Zeit zum Lesen zu haben, hat sich die DIVO-Untersuchung auch der subjektiven Einschätzung des Ausmaßes und der tatsächlich zur Verfügung stehenden freien Zeit in ihrer Beziehung und Abhängigkeit zum Lesen angenommen. Im Durchschnitt haben 51 Prozent der Erwachsenen den Eindruck, über keine bzw. wenig freie Zeit zu verfügen. 42 Prozent der Befragten glauben genug oder ausreichend Zeit zu haben, während nur 7 Prozent der Auffassung sind, sehr viel freie Zeit zu haben. Für Berufstätige, die außer Haus arbeiten, wurde eine Freizeit pro Woche von 48 Stunden berechnet, für die Berufstätigen, die zu Hause arbeiten, eine Freizeit von 24 Stunden. Man darf nicht darüber hinwegsehen, daß ein großer Teil dieser Zeit durch die Medien Fernsehen, Rundfunk und Illustrierte in Anspruch genommen wird. Hinzu treten noch Spazierengehen, Basteln, Besuche von Sportveranstaltungen u. a. mehr. Unter den Freizeitbeschäftigungen an Werktagen und am Wochenende nimmt das Radiohören den ersten Platz ein. 45 Prozent wählen es an Werktagen, 57 Prozent am Wochenende. Es folgt das Fernsehen, das von 36 Prozent der Bevölkerung an Werktagen und von 43 Prozent am Wochenende als Freizeitbeschäftigung gewählt wird. Mit diesen Tätigkeiten verbringen die Befragungspersonen durchschnittlich 2¼ Stunden am Tage. An vierter Stelle folgt das Zeitschriftenlesen, das an Werktagen von 20 Prozent, am Wochenende von 24 Prozent der Bevölkerung ausgeübt wird. Bücher werden an Werktagen von 12 Prozent und am Wochenende von 13 Prozent der Erwachsenen gelesen. An Werktagen werden Bücher 1 Stunde und 40 Minuten gelesen, Zeitschriften 1 Stunde und 20 Minuten. Während man sich am Wochenende den angegebenen Freizeitbeschäftigungen im Durchschnitt eine Stunde länger widmet, ergibt sich für das Lesen kein anderes Bild als an den Wochentagen. Außerdem trat eine erstaunliche Erscheinung innerhalb dieser Untersuchung zutage. Während bei objektiv abnehmender Freizeit der Anteil der Leser ungefähr gleichbleibt, nimmt er in *den* Gruppen stark ab, die glauben, wenig oder keine Zeit zu haben. Daraus kann man mit einiger Sicherheit schließen, daß in diesen Bevölkerungskreisen ein mangelndes Interesse am Lesen besteht.

Als einer der gefährlichsten Konkurrenten zum Lesen wurde häufig und wird z. T. auch heute noch das Fernsehen angesehen. Es ist daher von besonderer Bedeutung, daß sich die DIVO-Untersuchung besonders dieses Problems angenommen hat. Die Ergebnisse machen deutlich, daß die häufige Hinwendung zum Fernsehen das Leserverhalten und die Einschätzung des Lesens als Freizeitbeschäftigung nicht beeindruckt. Unter Befragten, die mehr lesen als andere, findet sich der gleiche Anteil von intensiven Fernsehteilnehmern wie unter solchen, die weniger lesen. Der Anteil derjenigen, die nicht fernsehen, ist ebenfalls gleichgroß. Außerdem ergibt die Untersuchung, daß der Prestigewert des Fernsehens auf einem anderen Gebiet liegt als der des Bücherlesens.

Der Buchleser
Kann man schon über den so gern zitierten Allgemeinplatz, die Deutschen seien »ein Volk der Dichter und Denker«, geteilter Meinung sein, so besteht eigentlich seit dem Jahre 1961, als der C. Bertelsmann Verlag die Emnid-Untersuchung »Das Buch in der Gegenwart«[9] vorlegte, kein Zweifel mehr darüber, daß die Deutschen bestimmt kein Volk der

[9] Rolf Fröhner: Das Buch in der Gegenwart. a.a.O.

Buchleser sind. Es wird manchen getroffen haben, als diese Untersuchung an den Tag brachte, daß nur knapp die Hälfte der erwachsenen Bevölkerung der Bundesrepublik im weitesten Sinne als Buchleser zu bezeichnen sind, wenn man davon ausgeht, daß in einem Zeitraum von rund vier Wochen vor der Befragung 48 Prozent der Befragten ein Buch gelesen haben. Einer der wichtigsten Faktoren, der einen Einfluß auf das Bücherlesen ausübt, ist ohne Zweifel – das haben verschiedene Untersuchungen inzwischen bewiesen – der Grad der erreichten Schulbildung. Die eigentliche Grenze liegt zwischen den Befragten mit Volksschulbildung und denen mit gehobener Schulbildung. Zwischen den Befragten mit Mittlerer Reife einerseits und den Abiturienten und Akademikern andererseits zeigen sich bei den Leseinteressen keine deutlichen Unterschiede. Zu ähnlichen Ergebnissen kommt auch die DIVO-Untersuchung. Von den Befragten, die in den letzten vier Wochen ein Buch gelesen haben, haben 28 Prozent Volksschulabschluß, 56 Prozent haben die Mittelschule besucht, 63 Prozent die Oberschule ohne Abitur und 83 Prozent besitzen das Abitur und haben eine Universität oder eine Hochschule besucht. Die Forderung: bessere Schulbildung – mehr Leser findet auch in den folgenden Zahlen Ausdruck. (Auch wenn, wie schon betont wurde, der Buchkäufer nicht mit dem Leser identifiziert werden kann.) Beträgt der Anteil der Abiturienten und Hochschulabsolventen an der erwachsenen Bevölkerung nur 4 Prozent, so liegt der Anteil dieser Gruppe an den regelmäßigen Buchkäufern bei 17 Prozent, während der Anteil der Erwachsenen mit Volksschulabschluß an der Gesamtbevölkerung 84 Prozent ausmacht, liegt ihr Anteil an den regelmäßigen Buchkäufern bei 47 Prozent.

Im Jahre 1963 hat der Verlag Reader's Digest in sieben europäischen Ländern eine Untersuchung über die Wirtschafts-

und Lebensgewohnheiten der erwachsenen Bevölkerung über 21 Jahre durchführen lassen, in der auch nach der Häufigkeit des Bücherlesens gefragt wurde[10]. Das Ergebnis ist für uns Deutsche nicht gerade schmeichelhaft. Es lesen mindestens dreimal in der Woche ein Buch (Fachbücher nicht mitgerechnet): Engländer 45 Prozent, Holländer 45 Prozent, Franzosen 42 Prozent, Luxemburger 41 Prozent, Deutsche 34 Prozent, Italiener 21 Prozent, Belgier 20 Prozent. Aber kann man die Schuld für diese Mißstände nur in einem Mangel an weiterbildenden Schulen sehen? Die Untersuchungen haben auch bewiesen, daß Leser und Nichtleser sich auf alle sozialen Gruppen verteilen, sicherlich in unterschiedlichem Ausmaße.

Leser von Büchern bezeichnen in der DIVO-Untersuchung Bücher als ihre Lehrmeister. Mit dem Lesen wird – unabhängig davon, wie oft und wie intensiv man liest – Lernen verbunden.

Fragt man die Nichtleser nach einem Grund, so weist fast jeder Zweite von ihnen darauf hin, keine Zeit zu haben. Ein weiteres Viertel der Nichtleser gibt unverhohlen zu, kein Interesse bzw. keine Lust am Bücherlesen zu haben.

Die DIVO-Untersuchung unterscheidet auch unter den Interessen der verschiedenen Berufsgruppen am Lesen. Besonders bei den Beamten und Angestellten tritt das Bücherlesen während der Freizeit besonders stark in den Vordergrund, während die Neigung bei Arbeitern und Landwirten weit unterdurchschnittlich ausgeprägt ist. Allerdings geben mehr Angestellte als Beamte eine hohe Wertschätzung des Lesens an. »Geht man jedoch davon aus, daß die geringe Be-

---

[10] Sieben-Länder-Untersuchung. Eine vergleichbare Marktuntersuchung in Belgien, Frankreich, Großbritannien, Holland, Italien, Luxemburg und der Bundesrepublik Deutschland. Stuttgart: Das Beste aus Reader's Digest (1963), Tab. 16.

wertung des Lesens zwischen den Leseinteressierten und Nichtinteressierten besser trennt, so entspricht der höheren Wertschätzung des Lesens bei Angestellten kein größeres Leseinteresse und keine häufigere Beschäftigung mit Büchern. Es ist also durchaus anzunehmen, daß Angestellte ihre Haltung zum Buch günstiger beurteilen, als sie es wirklich ist. Das mag ein erneuter Hinweis auf die auszeichnende Wirkung sein, die man erzielt, wenn man sich anderen gegenüber als lesefreudig bezeichnet.«[11]

Der Zeitungs- und Zeitschriftenleser
Wie wir schon erfahren haben, machen die Leser von Zeitungen und Zeitschriften den größten Teil der Leser überhaupt aus, nämlich 60 Prozent. Nun ist in Deutschland kein anderer Leser so ausgeleuchtet worden wie gerade der Zeitungs- und Zeitschriftenleser. Jede Zeitung, jede Illustrierte und Zeitschrift legt innerhalb nur kurzer Abstände eine Analyse ihrer Leser vor. Diese Leseranalysen widmen sich in besonderem Maße dem Konsum- und Kaufverhalten der Bevölkerung.

Einer Analyse des Bundesverbandes deutscher Zeitungsverleger aus den Jahren 1960/61[12] zufolge, lesen 72 Prozent der westdeutschen erwachsenen Bevölkerung täglich eine Tageszeitung. Von diesen 72 Prozent lesen 55 Prozent eine regional verbreitete Zeitung, 7 Prozent eine überregionale Zeitung und 10 Prozent sowohl den einen als auch den anderen Zeitungstyp. In der schon erwähnten Untersuchung des Verlages Reader's Digest wurde festgestellt, daß mindestens

---

[11] **Buch und Leser in Deutschland.** a.a.O., S. 65.
[12] Die täglichen Millionen. Leser deutscher Tageszeitungen. Einstellung zur Zeitung. Leseranalyse 1960/61. Teil C. Bad Godesberg: Bundesverband Deutscher Zeitungsverleger (1961).

dreimal in der Woche eine Tageszeitung lesen: 48 Prozent der Italiener, 76 Prozent der Franzosen, 71 Prozent der Belgier, 89 Prozent der Holländer und Luxemburger, 83 Prozent der Deutschen und 93 Prozent der Engländer[13]. Vergleicht man das Interesse der Zeitungsleser an den einzelnen Sparten, so ist festzustellen, daß von 48 Prozent der Leser regionaler Zeitungen, von 50 Prozent der Leser überregionaler Zeitungen und von 58 Prozent der Leser beider Zeitungstypen politische Berichte bevorzugt werden; für den Wirtschaftsteil lauten die Zahlen: 35 Prozent, 38 Prozent, 26 Prozent; für den Roman und die Unterhaltung: 33 Prozent, 26 Prozent und 32 Prozent; für den Sport: 35 Prozent, 49 Prozent und 50 Prozent; und schließlich für Kunst und Literatur: 20 Prozent, 25 Prozent und 20 Prozent. An Werktagen lesen 33 Prozent der Zeitungsleser, am Wochenende 55 Prozent länger als eine Stunde »ihre Zeitung«. Wie wir sehen, ist die Zeitung noch immer das wichtigste Informationsmedium der deutschen Bevölkerung.

Ein Bild des Zeitschriftenlesers zu zeichnen, bereitet besondere Schwierigkeiten. Läßt sich der Zeitungsleser verhältnismäßig leicht überblicken und einordnen, weil man seine Lektüre, die Zeitung, grob in zwei große Gruppen einordnen kann, so kann man von einem Zeitschriftenleser nur mit Vorbehalt sprechen. Zu groß sind die Unterschiede dieser Gattung. Schwerlich wird man die Leser des »Merkur«, des »Monat« oder der »Neuen Deutschen Hefte« mit denen der sogenannten »Soraya-Presse« vergleichen können. Auch hat der Zeitschriftenleser noch nicht – wie etwa der Buchleser – in seiner Gesamtheit eine Beschreibung und Analyse gefunden. Die jährlich erscheinenden Leseranalysen der Zeitschriftenverleger bemühen sich, die Reichweite der ein-

---

[13] Sieben-Länder-Untersuchung. a.a.O., Tab. 16.

zelnen Zeitschriften und die soziologische Struktur der Leser zu ermitteln. Die schon erwähnte Untersuchung des Verlages Reader's Digest hat auch die Zeitschriftenleser, die mindestens einmal wöchentlich eine Zeitschrift lesen, in den sieben europäischen Ländern ermittelt: 47 Prozent der deutschen Bevölkerung lesen wöchentlich eine Zeitschrift. Im Vergleich die Leserfrequenz unserer Nachbarn: 25 Prozent der Italiener, 47 Prozent der Franzosen, 36 Prozent der Belgier, 72 Prozent der Holländer, 51 Prozent der Luxemburger und 63 Prozent der Engländer lesen demnach wöchentlich eine Zeitschrift[14].

Der junge Leser

hat schon immer die besondere Beachtung der Pädagogen, Soziologen und Psychologen gefunden. Es ist daher nicht verwunderlich, daß wir auf Darstellungen zurückgreifen können, die sich dem Leseverhalten Jugendlicher und der Art und Auswahl ihrer Lektüre widmen. »So hat sich Viggo Graf Blücher in seiner 1956 erschienenen Arbeit über die Freizeit in der industriellen Gesellschaft vor allem auch der jüngeren Generation angenommen. Die hier zu nennenden Zahlen sind, soweit sie Relationen betreffen, zweifelsohne noch heute gültig. Soweit absolute Werte genannt werden, dürften sie zu erhöhen sein. 37 Prozent der Jugendlichen lesen am liebsten in ihrer Freizeit, 49 Prozent beschäftigen sich in der Freizeit mit Lesen. Diese Gruppen kommen hauptsächlich aus Mittel- und Höheren Schulen, weniger aus Dörfern und Großstädten, mehr aus Mittel- und Kleinstädten. Sie sind vor allem Angestellte, Studenten, Schüler, weniger Arbeiter und Handwerker. Lesen – es steht übrigens in der Skala der Freizeitinteressen an der Spitze vor Sport – heißt

[14] Ebenda, Tab. 16.

noch nicht Bücherlesen. Aber von jenen rund 50 Prozent melden doch 71 Prozent, daß sie ›viel und öfter‹ Bücher lesen.«[15] Eine neuere Untersuchung mit dem Titel »Jugend, Bildung und Freizeit«[16], die das Emnid-Institut im Auftrage der Deutschen Shell kürzlich durchgeführt hat, weist darauf hin, daß das allgemeine Leseinteresse der jungen Menschen trotz vermehrter Zuwendung zu den Möglichkeiten des Fernsehens sich im wesentlichen gehalten hat. Einschränkend wird allerdings darauf hingewiesen, daß das Interesse an Büchern nicht sonderlich hoch sei: »Es beschränkt sich auf Teilgruppen von Jugendlichen, wenn auch auf beachtlich große. Im gewogenen Mittel von allen erfaßten Jugendlichen wurde vor etwa 5 $^{1}/_{2}$ Wochen das letzte Buch gelesen. Aber diese generalisierende Verrechnung verdeckt das Bild. Eine Teilgruppe von genau einem Viertel der erfaßten Jugendlichen liest entweder praktisch überhaupt nicht oder nur sehr selten Bücher.«[17] Zu ähnlichen Ergebnissen gelangt auch die DIVO-Untersuchung aus dem Jahre 1964: »Die vielfach als oberflächlich gekennzeichnete moderne Jugend – wenn man die jüngeren Befragten im Jahre 1964 mit dieser Jugend gleichsetzt – liest zumindest ihren Angaben entsprechend mehr als die Älteren, nimmt an, mehr zu lesen, und schätzt zu einem größeren Teil das Lesen von Büchern hoch ein. Während 57 Prozent der Befragten unter 20 Jahren in den letzten vier Wochen ein Buch gelesen haben, sind es bei de-

---

[15] Wolfgang Strauß: Der Buchhandel und seine potentiellen Kunden. Hamburg: Verlag für Buchmarkt-Forschung 1963 (= Berichte des Instituts für Buchmarkt-Forschung, Nr. 6), S. 156–157.

[16] Jugend, Bildung und Freizeit. Dritte Untersuchung zur Situation der Deutschen Jugend im Bundesgebiet, durchgeführt vom Emnid-Institut für Sozialforschung, im Auftrag des Jugendwerkes der Deutschen Shell. Bearbeitet von Viggo Graf Blücher in Verbindung mit Karl Friedrich Flockenhaus und Anne Schürmann (1965).

[17] Ebenda, S. 46–47.

nen, die 60 Jahre und älter sind, nur 29 Prozent. Ebenso bei der Einschätzung: Während 47 Prozent der Befragten unter 20 Jahren das Lesen hoch einschätzen, sind es in der Gruppe der älteren Befragten nur 28 Prozent.«[18] Vergleicht man diese Ergebnisse mit denen aus der Emnid-Untersuchung des Jahres 1958 »Das Buch in der Gegenwart«, so wird ersichtlich, daß sich das Leseverhalten der jüngeren Generation kaum geändert hat. In jedem Jahr hatten in den letzten vier Wochen vor dem Tag des Interviews 54 Prozent der jüngeren Befragten (16–30 Jahre) und 37 Prozent der älteren Befragten (65 Jahre und älter) ein Buch gelesen.

Die größte Teilgruppe der Befragten der Shell-Untersuchung, nämlich 30 Prozent, gab an, in dieser Woche (vom Interviewervortag an) zuletzt in einem Buch gelesen zu haben. Dabei wird wiederum deutlich, daß das Interesse am Bücherlesen vollständig vom Stand der erworbenen Schulbildung abhängig ist. 31 Prozent der Befragten mit Volksschulabschluß lasen vor zwei oder mehr Monaten ein Buch, 29 Prozent von ihnen ein Buch in dieser Woche. Von den Befragten mit Mittelschulabschluß waren es 21 Prozent, die vor zwei oder mehr Monaten ein Buch lasen, 41 Prozent lasen in dieser Woche ein Buch. Am besten schnitt die Gruppe der Jugendlichen mit Abitur ab. Nur 12 Prozent von ihnen lasen vor zwei Monaten oder mehr ein Buch, 62 Prozent lasen ein Buch in dieser Woche. Zwischen dem Grad des technischen Interesses und der Häufigkeit des Bücherlesens besteht keinerlei Abhängigkeit. Auch die Hinwendung zum Fernsehen hat weder positiv noch negativ irgendwelchen Einfluß auf die Häufigkeit des Bücherlesens.

Es ist also danach zu fragen, welche Faktoren Einfluß nehmen auf das Leseverhalten der jungen Leser. Die Shell-Un-

---

[18] Buch und Leser in Deutschland. a.a.O., S. 64–65.

tersuchung weist darauf hin, daß der Einfluß der Eltern und der Familie vollkommen unwichtig sei. Die jungen Leser lesen, was ihnen die Freunde und die Buchhändler empfehlen. Allerdings steht die Feststellung, die Empfehlung des Buchhändlers übe einen Einfluß auf die Wahl der Lektüre junger Menschen aus, im Gegensatz zu den Ergebnissen einer Untersuchung, die Dr. Ludwig Muth über den Buchhandel und die jungen Leser vorgelegt hat[19]. Hier wird die Auffassung vertreten, daß die junge Generation dem Urteil und der Empfehlung des Buchhändlers sehr skeptisch gegenüberstehe, ja seine Meinung vielfach rigoros ablehne und vollkommen selbständig die Wahl ihrer Bücher treffe. Die Beobachtungen vieler Buchhändler scheinen dieser Meinung Recht zu geben.

Professor Dr. Otto Walter Haseloff, Berlin, hat darauf aufmerksam gemacht, daß sich bereits während der Kindheit und dann verstärkt während der Jugend Lesegewohnheiten und literarische Wertungsmuster formen, die wenigstens der Richtung nach im Erwachsenenalter bestehen bleiben[20]. Es kann also kein Zweifel darüber bestehen, daß hier der Grundschule eine wichtige und bedeutungsvolle Aufgabe zufällt. Daß sie diese Aufgabe zu lösen vermag, bezweifelte der verstorbene Göttinger Germanist Wolfgang Kayser, als er fragte: »Gilt der Satz, daß die Schule nicht zum Buch erzieht? Wir lassen ihn als beunruhigende Frage stehen, die freilich mit der zweiten eng verknüpft ist. Wie weit kann die Volksschule zum Buch erziehen?«[21] Was für Wolfgang

[19] Ludwig Muth: Der Buchhandel und die jungen Leser. Porträt einer Käuferschicht. Freiburg/Basel/Wien: Herder (1964).
[20] Otto Walter Haseloff: Das Buch im Erleben unserer Jugendlichen. In: Bertelsmann Briefe, H. 2/1960, S. 2.
[21] Wolfgang Kayser: Das literarische Leben der Gegenwart. In: Deutsche Literatur in unserer Zeit. 2. Aufl. Göttingen: Vandenhoeck und Ruprecht 1959 (Kleine Vandenhoeck-Reihe 73/74), S. 23.

Kayser eine beunruhigende Frage war, ist inzwischen durch die unwiderlegbaren Ergebnisse der empirischen Sozialforschung zu einer traurigen Gewißheit geworden. Die Volksschule muß sich diesen Vorwurf gefallen lassen, ja man muß sich fragen, ob der Vorwurf etwa zu Recht besteht, der Volksschullehrer sei bücher- und geistfeindlich. »Man muß endlich beginnen, das Lesen von Büchern zu lehren. Es ist einfach nicht wahr, daß ein volksschulentlassener Junge oder ein in die Lehre wechselndes Mädchen mit Büchern umgehen, mit Büchern leben kann. Die Wirklichkeit, die uns die empirische Sozialforschung wissenschaftlich aufschlüsselt, beweist diesen traurigen Umstand. Und auch die Wirklichkeit, die soziale Wirklichkeit, über die heute so gern geklagt wird, beweist es uns durch Augenschein, daß Schule – und ich meine hier eindeutig die Volksschule – und die Erwachsenenbildung etwas versäumen, das dem Volksganzen schweren Schaden zufügt. Wir erziehen nicht zum Buch, wir erziehen zum Buchstabieren, aber nicht zum Lesen.

Es ist zu hoffen, daß die Erweiterung der Grundschulpflicht auf neun bzw. zehn Jahre durchgeführt wird und auch in puncto Lesen Fortschritte bringt.

Hier wurde pauschal von »der Schule« gesprochen. Dieses Urteil ist natürlich, wie jedes Pauschalurteil, falsch. Es gibt Ausnahmen, die dort vorhanden sind, wo ein einsichtiger Pädagoge tätig ist. Anzusetzen wäre auch nicht bei »der Schule«, sondern dort, wo junge Lehrer ausgebildet werden, bei den Pädagogischen Hochschulen. Man kann nicht von jedem Lehrer verlangen, daß er von sich aus die Notwendigkeit einer Erziehung zum Buch einsieht und daß er die pädagogischen Praktiken beherrscht. Was wir dringend brauchen, ist eine Didaktik der Erziehung zum Lesen und zum Buch. Zu ihr müßte natürlich auch gehören das Vertrautmachen mit der Buchhandlung und der öffentlichen Bücherei.«[22]

Ich möchte in diesem Zusammenhang hinweisen auf die Bemühungen der angelsächsischen Pädagogik. Sowohl in England als auch in den USA wurde mit erstaunlichem Erfolg die Erziehung zum Buch in den Unterricht eingebaut und im Raum der Schule verankert. In den USA beispielsweise wurden in Klassenräumen Buchhandlungen eingerichtet, die über ein breites Sortiment an Taschenbüchern verfügen. Nirgendwo besitzen so viele Schüler umfangreiche Schülerlexika, die sie systematisch bei ihren täglichen Schularbeiten benutzen, wie in den USA.

Was liest der Leser?

Wenn uns die Leserforschung auch die Frage nach der Wahl der Lektüre des Lesers beantworten kann, so heißt das nicht, daß sie Autoren und Verlegern Richtlinien und Maßstäbe in die Hand geben könnte, die es erlaubten, vorauszusagen, welches Buch oder welcher Stoff zu einem Erfolg werden könnte. Vielmehr kann die Leserforschung nur Tendenzen und Trends zwischen den verschiedenen Literaturgruppen und -gattungen aufzeigen.

In der Emnid-Untersuchung des Jahres 1958 wurde nach den Büchern gefragt, die zuletzt gelesen wurden, und außerdem nach jenen, die im letzten Jahr besonders interessierten. Ganz deutlich stand die Unterhaltungsliteratur verschiedenster Art im Vordergrund. Auf diese Gruppe folgte aber gleich die sogenannte qualifizierte Literatur, wobei besonders häufig Romane der Weltliteratur genannt wurden. Im einzelnen sieht das Bild der bevorzugten Literaturgruppen

---

[22] Strauß, Wolfgang: Der Buchhandel und seine potentiellen Kunden a.a.O., S. 177–178.

folgendermaßen aus: 21 Prozent haben zuletzt Unterhaltungsromane gelesen, 13 Prozent interessierten sich dafür besonders im letzten Jahr. 6 Prozent bzw. 4 Prozent nannten qualifizierte Literatur, 4 bzw. 3 Prozent Zeitprobleme, sozialkritische Werke, 4 bzw. 2 Prozent Biographien und biographische Romane, jeweils 4 Prozent Kriegsbücher, 3 bzw. 1 Prozent Abenteuerromane, spannende Tatsachenberichte und Wildwestromane und schließlich jeweils 3 Prozent populärwissenschaftliche Werke und wissenschaftliche Literatur. 2 Prozent der Befragten gaben Margret Mitchell als die am häufigsten gelesene Autorin an. Außerdem wurden folgende Autoren in der Reihenfolge ihrer Nennungshäufigkeit angegeben: Hemingway, Bristow, Ganghofer, Knittel, Konsalik, Wouk, Dudinzew, Sauerbruch, Buck, Gulbranssen, Simpson, Thomas Mann, Dostojewski, Tolstoi und Bromfield. Es besteht kein Zweifel, die leichte Unterhaltungsliteratur überwiegt. Doch außerdem hat die Emnid-Untersuchung ermittelt, welche Art von Literatur wenig oder gar kein Interesse findet. 17 Prozent der Befragten lehnten seichte, billige und kitschige Bücher ab, 16 Prozent nannten Kriminalromane, Wildwestromane und Räuberpistolen. Eine Gruppe von 10 Prozent der Befragten schließlich gab ihre Abneigung gegen wissenschaftliche Literatur, technische Bücher, gegen Fach- und Kunstliteratur kund. Es wäre sicherlich wichtig zu wissen, was die Befragten sich nun unter der von ihnen abgelehnten Literatur vorstellen. Darüber wissen wir noch zu wenig. Übrigens wird in der DIVO-Untersuchung betont, daß der Leser von Kriminalromanen in der Beurteilung der Bevölkerung die geringsten Sympathien genießt. Er gilt als einseitig, jung, ungebildet, befindet sich in untergeordneter Stellung und ist eher ärmlich und faul. Auch der Leser von Fachbüchern wird ebenso einseitig beurteilt. Ihm werden folgende Kennzeichen zugeordnet:

Bildung, Fleiß, viel Arbeit, eine leitende Stellung und Ungeselligkeit. Bevorzugt wird der Leser mit dem vielseitigen literarischen Interesse.

78 Prozent der Befragten geben in der DIVO-Untersuchung den Unterhaltungsbüchern den Vorzug, 8 Prozent nennen Fachbücher für den Beruf, 6 Prozent Klassiker, 5 Prozent Sachbücher über wissenschaftliche und technische Fragen, je 3 Prozent Nachschlagewerke und Bücher über Liebhabereien. In den beiden Untersuchungen über die Situation des Buches und des Lesers in der Gegenwart erhält man leider keine Antwort auf die Frage nach der Wirkung und Wirksamkeit einer Literaturgattung, die die Literatursoziologen Trivialliteratur nennen. Es sind die Romanhefte, die wöchentlich in Millionenauflagen an den deutschen Kiosken erscheinen und verkauft werden. Im Jahre 1964 hat das Allensbacher Institut für Demoskopie im Auftrage des Bastei-Verlages, eines der größten deutschen Produzenten dieser Heftchen, den Leserkreis demoskopisch durchleuchtet[23]. Diese Untersuchung brachte wahrhaft staunenswerte Ergebnisse zutage. Nach ihr soll fast jeder dritte Erwachsene (31 Prozent) in der Bundesrepublik und Westberlin häufiger oder gelegentlich Romanhefte lesen. Das sind – in absoluten Zahlen – rund 14 Millionen Leser. 23 Prozent der erwachsenen Bevölkerung zwischen 16 und 70 Jahren lesen innerhalb von vier Wochen ein Romanheft. 17 Prozent der Leser dieser Romanhefte gehören der Oberschicht an und 73 Prozent von ihnen der breiten Mittelschicht. Gliedert man nach Berufen, so ergibt sich folgendes Bild: 5 Prozent sind Selbständige in Handel und Gewerbe und freie Berufe, 25 Prozent Beamte und Angestellte, 39 Prozent Facharbeiter und nicht

---

[23] Wer liest Romanhefte? Eine Leserschaft von 14 Millionen zum ersten Mal demoskopisch durchleuchtet. Leseranalyse des Instituts für Demoskopie in Allensbach im Auftrag des Bastei-Verlages (1964).

selbständige Handwerker, 26 Prozent andere Arbeiter, 5 Prozent gehören landwirtschaftlichen Berufen an. Es erscheint wichtig und notwendig, diesen Teil des Buchmarktes einer intensiven Erforschung und Analyse zu unterziehen. Aber es erscheint nicht minder wichtig und notwendig, bei einer Beurteilung des Lesers davon auszugehen, daß überhaupt gelesen wird, als zu fragen, was gelesen wird. »Denn wenn man Leser gewinnen will, muß man jede Möglichkeit, vom Nichtlesen zum Lesen zu gelangen, begrüßen, auch den Kitsch, auch die Illustrierte. Übrigens ist man z. B. in Frankreich der Auffassung, daß Lesen überhaupt schon eine Vorstufe zum Bücherlesen sei, eine Meinung, die man in Deutschland generell wohl nicht teilt. Wir könnten das auch weiter ausführen und ergänzen, daß vielleicht auch die einfache Unterhaltungsliteratur die Vorstufe zum bewußten Lesen großer Literatur ist. Darüber gibt es bekanntlich verschiedene Auffassungen. Ist die Meinung, daß der Leser sich höher lesen könnte, nur ein Traum? Es gibt eine Reihe von buchhändlerischen und volksbildnerischen Erfahrungen, die uns wohl berechtigen, auch an die Möglichkeit des Höherlesens zu glauben. Leider kann man sich noch nicht auf Zahlen und Fakten stützen, die einen Trend oder eine Entwicklung deutlich machen, auch ist die Klassifizierung von Hoch und Niedrig in der Literatur außerordentlich schwierig und scheint sich der objektiven Beurteilung zu entziehen. Doch würde es jeder Vernunft widersprechen und heißen, auf die Lehren aus der Geschichte des ausgehenden 19. und des 20. Jahrhunderts im Hinblick auf Ausbildung und Bildung zu verzichten, wenn man das Entwicklungsziel in der »wahllos konsumierenden Kulturhorde sehen wollte.«[24] Der schon

---

[24] Strauß, Wolfgang: Der Buchhandel und seine potentiellen Kunden. a.a.O., S. 161.

erwähnte Horst Kliemann stellte dazu im Jahre 1924 fest: »Die Aufgabe, den Menschen vom schlechten Buch zum guten Buch zu bringen, ist leicht im Vergleich zur Aufgabe, ihn ans Buch überhaupt zu bringen.«[25]

Die Ausstattung der Bücher

Wohl in keinem anderen Land spielt das Äußere der Bücher, die Ausstattung, eine so große Rolle wie in Deutschland. So erstaunlich es klingt, das Äußere eines Buches hat einen nicht geringen Einfluß auf die Wahl der Lektüre des Lesers. Das wird besonders an einem Novum des deutschen Buchmarktes in der Nachkriegszeit deutlich, am Taschenbuch. Denn wenn bei der Geburt des Taschenbuches der Gedanke Pate gestanden hat, *den* Kreisen der Bevölkerung die Anschaffung von Literatur zu ermöglichen, die sich bis dahin keine Bücher leisten konnten (zwar gab es auch schon vor dem Kriege eine Reihe wohlfeiler Volksausgaben, doch stand, gemessen an der Vielfalt der Taschenbücher, nur eine geringe Auswahl zur Verfügung), so kann man heute sagen, daß sich diese Erwartungen nicht erfüllt haben. In seinem wegweisenden Vortrag über das literarische Leben der Gegenwart wies Wolfgang Kayser im Jahre 1958 darauf hin, daß die Schicht der Taschenbuchkäufer relativ klein ist und gerade aus denen besteht, die auch sonst Bücher kaufen oder einmal kaufen werden: Aus Schülern und Studenten und weiterhin aus Lehrern bzw. Akademikern. Und besorgt fragt Kayser: »Aber geraten jene Käuferkreise, die zu der unentbehrlichen Kundschaft des Sortiments gehören, nun

---

[25] Kliemann, Horst: Die Stellung der Reklame im sozialen und geistigen Geschehen mit besonderer Berücksichtigung des Buchhandels. In: Auf dem Acker des Buches. Beiträge zu Problemen des Buches und des Buchhandels. Herausgegeben von Th. W. Dengler. Freiburg i. Br. Rombach 1963, S. 95.

nicht in ein anderes Verhältnis zum Buch? Werden sie nicht aus Bücherlesern und Buchbesitzern und Buchliebhabern zu Konsumenten, da sich ja das Taschenbuch als Konsumartikel zu geben scheint?«[26] Nun, diese Befürchtung hat sich – sicherlich sehr zum Leidwesen der Taschenbuchverleger – nicht erfüllt. Der Deutsche – vorausgesetzt, er kauft Taschenbücher – bringt es nicht über sich, das Taschenbuch als Konsumartikel anzusehen und nach beendeter Lektüre in den nächsten Papierkorb zu werfen. Doch wie sehen die Taschenbuchleser aus?

Einer Untersuchung des Allensbacher Instituts für Demoskopie aus dem Jahre 1960 zufolge, gehören 13 Prozent der bundesdeutschen Bevölkerung bei »nachsichtiger Definition« zum Leserkreis der Tachenbücher. Das sind Befragte die wenigstens einen Taschenbuchtitel angeben konnten. Ferner läßt diese Untersuchung erkennen, daß der Käuferkreis der Taschenbücher nicht mit dem Leserkreis identisch ist. 10 Prozent der Bevölkerung haben Taschenbücher gekauft und auch gelesen, 3 Prozent haben noch keine Taschenbücher gekauft, aber schon gelesen, und 4 Prozent haben Taschenbücher gekauft, ohne sie zu lesen. 40 Prozent der Taschenbuchleser sind nicht älter als 29 Jahre, fast die Hälfte von ihnen lebt in Großstädten. 8 Prozent der Befragten mit Volksschulabschluß haben schon ein Taschenbuch gelesen, 31 Prozent derjenigen mit Mittlerer Reife und 47 Prozent der Befragten mit Abitur. Gliedert man die Taschenbuchleser nach Berufskreisen, so ergibt sich folgendes Bild: 2 Prozent von ihnen sind in der Landwirtschaft beschäftigt, 9 Prozent sind Arbeiter, 24 Prozent einfache An-

---

[26] Wolfgang Kayser: Das literarische Leben der Gegenwart. a.a.O., S. 15.

gestellte und Beamte, 27 Prozent leitende Angestellte und Beamte und 15 Prozent Selbständige in Handel und Gewerbe.

Die DIVO-Untersuchung hat leider nicht nach den Taschenbuch*lesern*, sondern nach den Käufern gefragt. Die Ergebnisse müssen also mit einiger Vorsicht behandelt werden. 43 Prozent der Befragten mit Volksschulabschluß haben schon Taschenbücher gekauft, 61 Prozent derjenigen mit Mittelschulabschluß, 74 Prozent derjenigen mit Oberschule ohne Abitur und 90 Prozent derjenigen mit Abitur, Hochschule und Universitätsbildung. Ob diese erstaunliche Differenz der beiden Ergebnisse allein von der unterschiedlichen Fragestellung abhängig ist, erscheint einigermaßen fraglich. Eine umfangreiche Untersuchung wird unumgänglich sein.

Rund die Hälfte der Bevölkerung bevorzugt in Halbleder gebundene Bücher, 40 Prozent ziehen Ganzleinen vor. Nur ein kleiner Anteil von 6 Prozent zieht den Kartoneinband den beiden anderen Einbandarten vor. Weder in den verschiedenen sozialen Gruppen, noch zwischen jenen Befragten, die mehr lesen, und jenen, die weniger lesen, ergeben sich große Abweichungen von diesem Bild.

Der Leser und die Wege der Lektürebeschaffung
Es kann für die Leserforschung nicht gleichgültig sein, festzustellen, auf welche Art die Lektüre in die Hand des Lesers gelangt. Welche Faktoren spielen eine Rolle, die zum Kauf oder zur Entleihe eines Buches führen? Wir müssen also unterscheiden zwischen den Beschaffungsarten Kauf und Leihe.

In diesem Zusammenhang muß noch einmal festgestellt werden, daß der Käufer eines Buches nicht unbedingt mit dem Leser identisch zu sein hat. Gleiches gilt auch für denjenigen, der seine Lektüre entleiht. Der Wunsch, etwas zu lesen, spielt hier eine wichtige Rolle, aber es ist eine Aufgabe der Leserforschung – die sie bisher leider vernachlässigt hat – zu prüfen, ob und wie dieser Wunsch in die Wirklichkeit umgesetzt wird. Wohl jeder, der über eine mehr oder weniger umfangreiche Bibliothek verfügt, ist schon einmal von einem naiven Besucher gefragt worden, ob er auch alle diese Bücher gelesen habe.

Jeder Buchhändler und Verleger weiß, daß in Deutschland ein Großteil der Bücher zu bestimmten Zeiten gekauft wird. Das Buch ist offensichtlich ein Geschenkobjekt, das keinesfalls zu Weihnachten und zu anderen Gelegenheiten auf dem Gabentisch fehlen darf.

Bei der Verbreitung des Buches durch Kauf spielt der Sortimentsbuchhandel ohne Zweifel die wichtigste Rolle. Trotzdem darf nicht übersehen werden, daß 51 Prozent der westdeutschen Bevölkerung über 16 Jahre nicht oder nicht gern eine Buchhandlung aufsuchen. Ist die Buchhandlung noch immer eine hehre Stätte, die – wie der streitbare Nationalökonom Bücher es zu Anfang unseres Jahrhunderts einmal ausdrückte – vom Kunden, wie die Apotheke, nur im äußersten Notfall betreten wird? Hier ist die Frage anzusetzen, welche Bedeutung das Buch etwa im Warenhaus[27] hat. Die Emnid-Untersuchung des Jahres 1958 ermittelte, daß 19 Prozent der Bevölkerung eine schriftliche Bestellung bevorzugte, was u. a. die wachsende Bedeutung der Buchgemeinschaften erklärt. 28 Prozent sieht sich in der Buchhandlung selbst um, 7 Prozent läßt sich dort vom Verkäufer beraten, während 1 Prozent der Bevölkerung es vorzieht, sich zu Hause vom Vertreter beraten zu lassen.

Auch die DIVO-Untersuchung fragte danach, wo die Bücher gekauft werden. Differenzieren wir auch bei den

---

[27] Vgl. dazu: Stöckle, Wilhelm: Der Buchabsatz im Warenhaus. Hamburg: Verlag für Buchmarkt-Forschung 1966. 78 S. (= Berichte des Instituts für Buchmarkt-Forschung, Sondernummer).

Buchkäufern nach dem Grad der erreichten Schulbildung, so kommen wir zu interessanten Ergebnissen.

Auf die Frage: »Wenn Sie sich neue Bücher anschaffen, wo kaufen Sie dann diese Bücher ein?« gaben 63 Prozent der Befragten mit Volksschulbildung, 71 Prozent derjenigen mit Mittel- oder Höherer Schulbildung ohne Abitur und 90 Prozent der Befragten mit Abitur, Universitäts- oder Hochschulbildung die Buchhandlung als Einkaufsquelle an. Von den Befragten mit Höherer Schulbildung und akademischem Studium kauften 44 Prozent *ein* Buch oder mehrere in den drei dem Interview vorausgegangenen Monaten, während nur 20 Prozent der Befragten mit Volksschulbildung ein Buch oder mehrere im gleichen Zeitraum kauften. Die DIVO-Untersuchung ermittelte auch den Anteil der Buchkäufer an der gesamten Bevölkerung. Dabei wurden als »häufige Buchkäufer« jene bezeichnet, die häufiger als viermal im Jahr ein Buch kaufen. Der Anteil dieser Gruppe beträgt rund 24 Prozent. D.h.: Rund 10 Millionen Erwachsene kaufen jeder mindestens vier Bücher im Jahr. 19 Millionen kaufen überhaupt nicht, fast nie oder sehr selten Bücher, und 14 Millionen einmal oder ein- bis dreimal im Jahr.

Nun befinden sich unter den rund 10 Millionen regelmäßigen Buchkäufern 4 Millionen Buchgemeinschaftsmitglieder. 14 Prozent der Bevölkerung sind Mitglieder einer Buchgemeinschaft, 66 Prozent kennen eine oder mehrere Buchgemeinschaften namentlich. Ein Drittel der Buchgemeinschaftsmitglieder ist zwischen 20 und 30 Jahre alt, die Hälfte zwischen 20 und 40. Mit steigendem Alter nimmt der Anteil der Buchgemeinschaftsmitglieder kontinuierlich ab. In den Orten mit einer Einwohnerzahl zwischen 10 und 20 Tausend ist der Prozentsatz der Buchgemeinschaftsmitglieder am größten. Von den Buchgemeinschaftsmitgliedern haben 60 Prozent Volksschulbildung. 86 Prozent der Mitglieder haben in den letzten drei Monaten ein Buch angeschafft, während es bei buchbesitzenden Nichtmitgliedern nur 38 Prozent waren, die in diesem Zeitraum ein Buch anschafften. 75 Prozent der Mitglieder gaben an, in den letzten vier Wochen ein Buch gelesen zu haben, bei den buchbesitzenden Nichtmitgliedern waren es nur 37 Prozent. In beiden Gruppen haben je 75 Prozent in diesem Zeitraum Unterhaltungsbücher gelesen.

Die Leihe

Die Benutzer der öffentlichen Bibliotheken haben selbst eigene Bücher. D.h.: Die Entleihungen werden als zusätzliche und relativ billige Möglichkeiten wahrgenommen, um zu Lesestoff zu gelangen. Nun ist die Wirksamkeit der deutschen öffentlichen Bibliotheken bei weitem nicht so groß wie etwa in den angelsächsischen oder skandinavischen Ländern, selbst im anderen Teil Deutschlands erfreut sich die öffentliche Bücherei eines wesentlich regeren Zuspruchs. Den Gründen hier nachzugehen, würde zu weit führen. Sicherlich spielt die Tatsache eine wichtige Rolle, daß nur 39,7 Prozent der Gemeinden in der Bundesrepublik über eine öffentliche Bücherei verfügen. Aber solange diese Einrichtungen kommunale sind und ihr Etat von der Einsicht und dem Wohlwollen der Stadtväter abhängt, wird sich schwerlich etwas ändern. Im Jahre 1963 wurden die öffentlichen Büchereien von 6,9 Prozent der Einwohner der Büchereiorte benutzt. Aber wen wundert diese geringe Resonanz, wenn er erfährt, daß noch im Jahre 1963 jedem Einwohner eines Büchereiortes nur knapp ein halbes Buch (0,49 Bände) zur Verfügung steht, während in England bereits 1949 jedem Einwohner des ganzen Landes *ein* Band zur Verfügung stand. Die Situation der öffentlichen Bibliotheken hat Wolfgang Kayser in seinem Vortrag »Das literarische Leben der

Gegenwart« im Jahre 1958 beleuchtet. »Hätten nicht schon durch die Volksbüchereien jene Schichten gewonnen werden können, die dann von den Leseringen entdeckt und angesprochen wurden? Aber die Zahl der Fachkräfte ist zu gering, und die Mittel sind viel zu klein, so daß von den Volksbüchereien nur geringe Wirkung ausgeht. Nach einer mir vorliegenden Zahl gibt es 1 092 000 Leser in den Volksbibliotheken (der Bertelsmann Lesering allein hat 2 × mal soviel Mitglieder). Der Bücherbestand der Volksbibliotheken beträgt etwa 13 Millionen Bände (Bertelsmann produziert jährlich das Doppelte); dabei ist anzumerken, daß die Schöne Literatur nur einen Teil im Bestand der Volksbüchereien bildet (es sind 37,7 Prozent, die stärkste Gruppe ist die Sachliteratur mit 49 Prozent, die geringste die Jugendliteratur mit 13,3 Prozent). Schüler und Studenten sind die umfangreichsten Benutzergruppen, Arbeiter eine nur kleine.«[28] Leider geben die öffentlichen Büchereien schon seit etlichen Jahren keine Leserstatistiken mehr heraus, so daß wir kein detailliertes Bild des Benutzers dieser Bibliotheken zeichnen können. 1963 wurden die 22,4 Millionen Bände der öffentlichen Büchereien in 61 Millionen Entleihungen an 3,16 Millionen Leser ausgeliehen.

In der schon erwähnten Shell-Untersuchung wird die Bedeutung der öffentlichen Büchereien für die Lektüre der Jugendlichen als sehr groß bezeichnet. 53 Prozent der Befragten sind regelmäßig oder häufig deren Benutzer. Der Impuls, der von den öffentlichen Büchereien ausgeht, wird als bedeutend bezeichnet. Allerdings ergab die Emnid-Untersuchung »Das Buch in der Gegenwart« aus dem Jahre 1958, daß nur etwa die Hälfte aller Entleihungen in den öffentli-

---

[28] Kayser, Wolfgang: Das literarische Leben der Gegenwart. a.a.O., S. 22.

chen Büchereien erfolgen. 48 Prozent der Büchereibenutzer nehmen die öffentliche Bücherei in Anspruch, 41 Prozent bedienen sich der privaten Leihbüchereien, und 11 Prozent sind Benutzer von Werks- und Schulbüchereien. »Bei einer Erhebung in drei westdeutschen Städten konnte festgestellt werden, daß die Zahl der aktiven Leser dieser Bibliotheken ungefähr der Zahl der Benutzer der öffentlichen Büchereien entsprach, daß aber sowohl die Zahl der Entleihungen pro Buch wie auch pro Leser erheblich über den Daten der öffentlichen Büchereien lag. Wurde im Erhebungszeitraum jedes Buch der öffentlichen Bibliotheken etwa einmal entliehen, so jedes Buch der privaten Leihbüchereien etwa dreimal; entlieh jeder Leser aus den öffentlichen Bibliotheken etwa 16 Bücher, so wurden von jedem Leser der privaten Bibliotheken etwa 20 Bücher entliehen.«[29]

Nun kann allerdings kein Zweifel darüber bestehen, daß die Wirkung und Bedeutung der privaten Leihbüchereien von Jahr zu Jahr geringer wird. In einer Untersuchung über die gewerbliche Leihbücherei, die in den »Schriften zur Buchmarkt-Forschung«[30] erschienen ist, wird festgestellt, daß es sich um ein sterbendes Gewerbe handelt. Die Shell-Untersuchung ermittelte zudem, daß nur 5 Prozent der Jugendlichen Benutzer einer gewerblichen Leihbücherei sind. Das mag sicherlich daran liegen, daß diese Art der Unterhaltung zunehmend von anderen Medien wie Illustrierte und Fernsehen ausgefüllt wird.

---

[29] Hans Platte: Soziologie des Taschenbuches. Bemerkungen zur Taschenbuchproduktion in der Bundesrepublik von 1948-1962. In: Bertelsmann Briefe, H. 15/1962, S. 13.
[30] Vgl. dazu: Bernd von Arnim und Friedrich Knilli: Gewerbliche Leihbüchereien. Berichte, Analysen und Interviews. Mit Beiträgen von Werner Langer und Ingrid Holzapfel. Gütersloh: Bertelsmann 1966. 316 S. (= Schriften zur Buchmarkt-Forschung 7).

Die Zahl der Werks- und Betriebsbüchereien in der Bundesrepublik wird auf etwa 500 geschätzt. Ein Bild ihrer Wirksamkeit soll am Beispiel einer Werksbücherei eines großen Chemiekonzerns gezeichnet werden. Nach den Angaben der Leiterin dieser Bücherei sind etwa ein Viertel der 23 000 Werksangehörigen Leser der Werksbücherei. 25 Prozent aller Leser sind Arbeiter, 51 Prozent Angestellte. Das sind 20 Prozent aller Arbeiter und 33 Prozent aller Angestellten des Werkes. 17 Prozent sind Jugendliche. Jährlich werden etwa 1,2 Millionen Bände entliehen. 30 Prozent sind Sachbücher, 70 Prozent Schöne Literatur. Innerhalb der Schönen Literatur entfallen 45 Prozent auf anspruchsvolle Literatur und ca. 55 Prozent auf mehr oder weniger reine Unterhaltungsliteratur.[31]

Leser und Buchbesitz

Wenn in der DIVO-Untersuchung festgestellt wird, daß die Häufigkeit des Bücherlesens in enger Beziehung zur Zahl der Bücher steht, die man besitzt, so überrascht nicht mehr, daß sehr viel mehr Mitglieder von Buchgemeinschaften (nämlich 75 Prozent) in den letzten vier Wochen ein Buch gelesen haben als die buchbesitzenden Nichtmitglieder (nämlich 37 Prozent). Denn im Durchschnitt besitzen die Mitglieder mit 102 Büchern doppelt so viele wie die buchbesitzenden Nichtmitglieder mit 56 Büchern. Das erhärtet die Auffassung, daß der persönliche Besitz von Büchern einen entscheidenden Einfluß auf die Lesehäufigkeit ausübt. Doch wie sieht es mit dem Buchbesitz in der Bundesrepublik aus?

---

[31] Vgl. dazu: Hilde Schmidt: Das Interesse der modernen Masse am Buch. Gezeigt am Beispiel einer Werkbücherei. In: Bertelsmann Briefe, H. 16/1962, S. 9–12.

1958 ermittelte die Emnid-Untersuchung, daß ein Drittel der westdeutschen Bevölkerung über 16 Jahre keine Bücher besitzt. Es handelt sich vor allem um Personen mit Volksschulbildung, die keine Bücher besitzen. Von den Landwirten besitzt jeder 2. kein Buch, bei den Arbeitern ist es jeder 3., der kein Buch besitzt. 5 Prozent der Bevölkerung besitzen weniger als fünf Bücher. 46 Prozent haben etwa 10 bis 50 Bücher in Besitz, und 16 Prozent haben Bibliotheken von etwa 100 oder mehr Büchern.

Zu ähnlichen Ergebnissen kommt auch die DIVO-Untersuchung. Wenn hier aber nur noch 28 Prozent angegeben werden, die keine Bücher besitzen, so mag das daran liegen, daß die nachwachsende Jugend dem Lesen und dem Buchkauf gegenüber aufgeschlossener ist. Allerdings stellt die DIVO-Untersuchung auch fest, daß von jenen 72 Prozent, die Bücher besitzen, 18 Prozent sich keine weiteren Bücher mehr anschaffen. Pro Kopf der Bevölkerung stehen aus persönlichem Besitz oder aus gemeinsamem Besitz mit anderen Personen 49 Bücher zur Verfügung. Allerdings muß der private Besitz pro Kopf kleiner sein, da 27 Prozent der Buchbesitzer ihren Bestand mit einer Person, 13 Prozent mit zwei und 6 Prozent mit drei oder mehr Personen teilen. Mit steigendem Alter nimmt der Anteil der Buchbesitzer tendenziell ab. Besitzen bei den Unter-20-jährigen 88 Prozent Bücher, so sind es bei den Über-60-jährigen nur noch 51 Prozent. Von den Befragten mit Volksschulabschluß besitzen 51 Prozent Bücher, von denen mit Mittelschulbildung 65 Prozent, von denen mit Höherer Schulbildung ohne Abitur 98 Prozent, und von jenen mit Abitur und akademischer Ausbildung sind es 99 Prozent. Es dürfte auch an dieser Stelle wohl niemanden mehr überraschen, daß Schulbildung und Buchbesitz in engem Zusammenhang stehen. Es erscheint mir daher nicht verständlich, wenn in dem Kommentar zu einer geplanten größeren Untersuchung gesagt wird, daß verlängerte Ausbildung keineswegs automatisch zu höherem Lesebedürfnis führen würde, vielmehr scheint mir der Zwang zur weiterführenden Ausbildung und Fortbildung sich unmittelbar auf das Lesebedürfnis auszuwirken. Man sollte allerdings nicht den Fehler begehen, unter Lesen immer nur das Lesen von schöngeistiger Literatur zu verstehen.

Die Leserforschung in Deutschland ist jung. Es gibt eine ganze Reihe von Ansätzen, die es weiter zu entwickeln gilt. Ob es einmal eine soziologische Strukturanalyse geben wird, die den ganzen Bereich von Lesen, Buch, Buchhandel und Bibliotheken erfaßt, mag dahingestellt bleiben. Mir scheint das polygenetische Verfahren z. Zt. jedenfalls sinnvoller als der Versuch, *alle* Probleme, die mit dem Lesen zusammenhängen, wissenschaftlich zu untersuchen. Allerdings müßte eine Zusammenschau, die alle beteiligten Wissenschaften gemeinsam vorzunehmen hätten, garantiert sein.

Ich meine weiter, daß eine Leserforschung nicht ohne internationalen Vergleich auskommt. Es ist mir bekannt, daß gerade gegenüber einer solchen Forderung in der jüngsten Gegenwart Bedenken angemeldet werden. Man meint, daß Ergebnisse international ohne weiteres nicht übertragbar seien, besonders weil es sich um Ergebnisse aus dem kulturellen Raum handele. Solche Bedenken sollten uns nicht hindern, aus Untersuchungen anderer Länder methodisch und inhaltlich zu lernen. Gerade was die methodischen Grundlagen angeht, sollte es möglich sein, zu Vereinbarungen zu kommen, die vergleichbare Ergebnisse garantieren. Die EWG-Staaten sind in den letzten Jahren nicht nur wirtschaftlich zusammengewachsen, sondern auch die Strukturen nähern sich an. Wirtschaftlich bedingte Vereinbarungen können durchaus auch das soziokulturelle Verhalten verändern. Auf französische und niederländische Untersuchungen, die auch in deutscher Sprache erschienen sind, ist hier hinzuweisen.[32]

Das ist nur ein Blick auf die Möglichkeit internationaler Vergleiche. Die Forderung nach einer intensiven internationalen Zusammenarbeit scheint mir um so wichtiger zu sein. Organisatorische Ansätze gibt es sowohl in der Bundesrepublik wie vor allem in Frankreich und den Niederlanden. Die Ende 1966 stattgefundene Internationale Tagung für Buchmarkt-Forschung und die Äußerungen der Vertreter der verschiedenen Nationen haben bewiesen, daß eine solche Zusammenarbeit möglich ist. Hier scheint mir eine wichtige Aufgabe für die Leserforschung der Zukunft überhaupt gestellt zu sein.

(Der Verfasser dankt H. J. Hoof für intensive Mitarbeit.)

---

[32] Buch und Leser in Frankreich. Eine Studie des Syndicat National des Editeurs, Paris. Gütersloh: Bertelsmann 1963. 96 S. (= Schriften zur Buchmarkt-Forschung 2).

Buch und Leser in den Niederlanden. Eine Untersuchung der Stichting Speurwerk betreffende het Boek, Amsterdam. Gütersloh: Bertelsmann 1963. 182 S. (= Schriften zur Buchmarkt-Forschung 3).

Forschungsstelle für Buchwissenschaft
an der Universitätsbibliothek Bonn

Kleine Schriften

Heft 1 Fritz Prinzhorn
Dokumentation und Buchwissenschaft 1964,
28 S., kart. DM 3,60

Heft 2 Walter Rüegg
Die kulturelle Funktion des Buches 1965, 24 S.,
kart. DM 2,80

Heft 3 Herbert Grundmann
Literatur ohne Preisbindung 1965, 33 S., kart.
DM 3,–

Heft 4 Maria Möller
Die Schriften Erich von Raths 1966, 17 S., kart.
DM 3,–

Heft 5 Herbert Grundmann
Buch, Buchhandel und Politik 1966, 35 S.,
kart. DM 3,80

Heft 6 Viktor Burr
Bibliothekarische Notizen zum Alten Testament 1969, 36 S., kart. DM 5,80

Heft 7 Günther Soffke
Jean Pauls Verhältnis zum Buch 1969, 67 S.,
kart. DM 7,50

BOUVIER VERLAG HERBERT GRUNDMANN
BONN

Bonner Beiträge zur Bibliotheks- und Bücherkunde

Band 4. MEYEN, Fritz: Die nordeuropäischen Länder im Spiegel der deutschen Universitätsschriften 1885—1957. Eine Bibliographie. 1958 XXI, 123 S. kt. kt. 24,— ISBN 3-416-00167-2

Band 5. MUMMENDEY, Richard: Die Schöne Literatur der Vereinigten Staaten in deutschen Übersetzungen. Eine Bibliographie. 1961 IX, 199 S. kt. 28,— ISBN 3-416-00229-6

Band 7. HOEDT, Käte: Rechts- und staatswissenschaftliche Zeitschriften der Universität Bonn. 1961 215 S. kt. 33,— ISBN 3-416-00217-2

Band 8. SAVIGNY, Friedrich C. von: Briefwechsel mit Friedrich Bluhme 1820—1860. Hrsg. v. Strauch, Dieter 1962 XXVI, 343 S. kt. 33,— ISBN 3-416-00237-7

Band 9. LANGENBUCHER, Wolfgang: Der aktuelle Unterhaltungsroman. Beiträge zu Geschichte und Theorie der massenhaft verbreiteten Literatur. 1964 292 S. kt. 28,50 ISBN 3-416-00295-4

Band 10. SCHWEBBACH, Werner: Bücher im Wettbewerb. Untersuchungen zum festen Ladenpreis. 1965 134 S. kt. 12,— ISBN 3-416-00308-X

Band 11. SOFFKE, Günther: Deutsches Schrifttum im Exil 1933—1950. Ein Bestandsverzeichnis. 1966 67 S. kt. 8,— ISBN 3-416-00349-7

Band 12. SCHÜRFELD, Charlotte: Kurzgefaßte Regeln für die alphabetische Katalogisierung an Institutsbibliotheken. 4. Aufl. 1970 95 S. kt. 12,— ISBN 3-416-0048608

Band 13. HILLER, Helmut: Zur Sozialgeschichte von Buch und Buchhandel. 1966 VIII, 213 S. kt. 18,— ISBN 3-416-00368-3

BOUVIER VERLAG HERBERT GRUNDMANN
BONN

Bonner Beiträge zur Bibliotheks- und Bücherkunde

Band 14. Wege zur Buchwissenschaft. Festschrift für Viktor Burr. Hrsg. v. Wenig, Otto 1966 X, 416 S. kt. 39,— ISBN 3-416-00339-X

Band 15. Freundesgabe für Viktor Burr. Beiheft zu Wege zur Buchwissenschaft. Hrsg. v. Wenig, Otto 1966 VIII, 115 S. kt. 15,— ISBN 3-416-00375-6

Band 16. SICHELSCHMIDT, Gustav: Hedwig Courths-Mahler, Deutschlands erfolgreichste Autorin. Eine literatursoziologische Studie. 1967 VI, 87 S. kt. 12,50 ISBN 3-416-00413-2

Band 17. LANSKY, Ralph: Systematik der Rechtswissenschaft in Grundzügen. Ein Hilfsmittel zur Klassifikation juristischer Literatur in Bibliotheken, Büchereien und Dokumentationsstellen. 1968 68 S. kt. 9,80 ISBN 3-416-00529-5

Band 18. Bonner Gesamtverzeichnis mathematischer und naturwissenschaftlicher Zeitschriften. Hrsg. v. Bergerhoff, Günter 1968 516 S. kt. 58,— ISBN 3-416-00537-6

Band 19. MUMMENDEY, Richard: Die Bibliothekare des wissenschaftlichen Dienstes der Universitätsbibliothek Bonn. 1968 148 S. kt. 24,— ISBN 3-416-00540-6

Band 20. NEUTJENS, Clemens: Friedrich Gundolf — Ein biobibliographischer Apparat. 1968 195 S. kt. 26,50 ISBN 3-416-00541-4

Band 21. BECKER, Alfred: Christian Gottlob Neefe und die Bonner Illuminaten. 1969 87 S. kt. 9,80 ISBN 3-416-00590-2

Band 23. LANSKY, Ralph: Die wissenschaftlichen Bibliothekare. Eine empirisch-soziologische Analyse des höheren Dienstes an wissenschaftlichen Bibliotheken der Bundesrepublik Deutschland. 1971 108 S. kt. 15,— ISBN 3-416-00826-X

BOUVIER VERLAG HERBERT GRUNDMANN
BONN